박문각 행정사

1차

KB191728

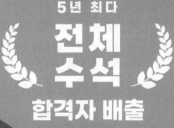
5년 최다
전체
수석
합격자 배출

동영상 강의 www.pmg.co.kr

이준희
행정법

박문각 행정사연구소 편_이준희

핵심요약집

박문각

머리말

행정사 시험에 합격하기 위해서 가장 중요한 과목은 바로 행정법입니다. 행정법은 단순히 1차 시험 과목으로 끝나지 않으며, 2차 시험에서의 행정절차론, 사무관리론, 행정사실무법이 행정법을 기반으로 하기 때문입니다.

단순히 행정사 1차 합격에 그치는 것이 아니라 행정사 자격을 취득하기 위해서는 모든 수험생들이 2차 시험까지 최종합격을 하여야 합니다.

따라서 처음 시작부터 효율적으로 전략적으로 접근하는 것이 필요합니다. 바로 그 전략적 접근이 가능하도록 본 교재를 구성하였습니다.

본 교재는 다음과 같은 특징을 가지고 있습니다.

첫째, 행정사 1차 시험 합격을 위해 필요한 내용만으로 구성

행정사 1차 시험은 역대 기출을 분석하여 보면 기본적인 개념과 중요 판례에서 출제되고 있습니다. 그리고 100점으로 합격해야 하는 시험이 아닌 60점 이상의 점수를 획득하면 충분히 합격하는 시험이므로 이에 맞는 대비가 필요합니다. 기출 논점이더라도 버릴 부분은 버리고, 아직 출제되지 않았다고 하더라도 필요한 부분은 포함하였습니다.

둘째, 행정사 2차 시험 대비를 위해 관련 법령과 흐름을 체계적으로 이해할 수 있도록 구성

사실 행정사 2차 시험과 관련한 부분은 1차 시험에서의 출제 비중은 낮은 편입니다. 하지만 해당 부분의 법령을 모두 정리하여 수업에 상당한 시간을 투자하려고 합니다. 별도의 2차 선행학습을 신경 쓰지 않아도 자연스럽게 선행학습이 이루어지도록, 그러나 절대 1차 학습에 지장을 주지 않도록 하는 선에서 수업을 계획하겠습니다.

행정사 시험을 앞두고 이 교재를 반복하여 회독한다면 합격을 위한 효율적인 공부방법이 될 것이라고 확신합니다. 이 교재로 공부하는 수험생 여러분들께서 최종합격의 결실을 맺기를 기원합니다.

2024년 10월 2일

이준희 행정사 드림

행정사 시험 정보

1. **자격 분류**: 국가 전문 자격증
2. **시험 기관 소관부처**: 행정안전부
3. **실시 기관**: 한국산업인력공단
4. **시험 일정**: 매년 1차, 2차 실시

구분	원서 접수	시험 일정	합격자 발표
1차	2024년 4월 22일~4월 26일	2024년 6월 1일	2024년 7월 3일
2차	2024년 7월 29일~8월 2일	2024년 10월 5일	2024년 12월 4일

〈2024년 제12회 행정사 시험 기준〉

5. **응시자격**: 제한 없음. 다만, 행정사법 제5·6조의 결격사유가 있는 자와 행정사법 시행령 제19조에 따라 부정행위자로 처리되어, 그 처분이 있은 날부터 5년이 지나지 않은 자는 시험에 응시할 수 없다.

6. **시험 면제대상**
   - 1차 시험에 합격한 사람에 대하여는 다음 회의 시험에서만 1차 시험을 면제한다(단, 경력서류 제출로 1차 시험이 면제된 자는 행정사법이 개정되지 않는 한 계속 면제).
   - 행정사 자격이 있는 사람으로서 다른 종류의 행정사 자격시험에 응시하는 사람은 1차 시험을 면제한다.
   - 행정사법 제9조 및 동법 부칙 제3조에 따라, 공무원으로 재직하였거나 외국어 전공 학위를 받고 외국어 번역 업무에 종사한 경력이 있는 사람 등은 행정사 자격시험의 전부 또는 일부가 면제된다(1차 시험 면제, 1차 시험 전부와 2차 시험 일부 면제, 1·2차 시험 전부 면제).

7. **시험 과목 및 시간**
   - **1차 시험(공통)**

교시	입실 시간	시험 시간	시험 과목	문항 수	시험 방법
1교시	09:00	09:30~10:45 (75분)	① 민법(총칙) ② 행정법 ③ 행정학개론(지방자치행정 포함)	과목당 25문항	5지택일

● **2차 시험**

교시	입실 시간	시험 시간	시험 과목	문항 수	시험 방법
1교시	09:00	09:30~11:10 (100분)	**[공통]** ① 민법(계약) ② 행정절차론(행정절차법 포함)	과목당 4문항 (논술 1문제, 약술 3문제)	논술형 및 약술형 혼합
2교시	11:30	• 일반·해사행정사 11:40~13:20 (100분) • 외국어번역행정사 11:40~12:30 (50분)	**[공통]** ③ 사무관리론 (민원 처리에 관한 법률 및 행정업무의 운영 및 혁신에 관한 규정 포함) **[일반행정사]** ④ 행정사실무법 (행정심판사례, 비송사건절차법) **[해사행정사]** ④ 해사실무법 (선박안전법, 해운법, 해사안전기본법, 해사교통안전법, 해양사고의 조사 및 심판에 관한 법률) **[외국어번역행정사]** ④ 해당 외국어(외국어능력검정시험으로 대체하며 영어, 중국어, 일본어, 프랑스어, 독일어, 스페인어, 러시아어의 7개 언어에 한함)		

8. 합격 기준

- 과목당 100점을 만점으로 하여 모든 과목의 점수가 40점 이상이고, 전 과목의 평균 점수가 60점 이상인 사람(2차 시험의 해당 외국어시험 제외)
- 단, 제2차 시험 합격자가 최소선발인원보다 적은 경우, 최소선발인원이 될 때까지 전 과목의 점수가 40점 이상인 사람 중에서 전 과목 평균 점수가 높은 순으로 합격자를 추가로 결정한다. 동점자로 인해 최소선발인원을 초과하는 경우 동점자 모두를 합격자로 한다.

9. 외국어능력검정시험 성적표 제출(외국어번역행정사)

외국어번역행정사 2차 시험의 '해당 외국어' 과목은 원서접수 마감일부터 거꾸로 계산하여 5년이 되는 날이 속하는 해의 1월 1일 이후에 실시된 외국어능력검정시험에서 취득한 성적으로 대체(행정사법 시행령 제9조 제3항, 별표 2)

● **외국어 과목을 대체하는 외국어능력검정시험 종류 및 기준점수**

시험명	기준점수	시험명	기준점수
TOEFL	쓰기 시험 부문 25점 이상	IELTS	쓰기 시험 부문 6.5점 이상
TOEIC	쓰기 시험 부문 150점 이상	신HSK	6급 또는 5급 쓰기 영역 60점 이상
		DELE	C1 또는 B2 작문 영역 15점 이상
TEPS	쓰기 시험 부문 71점 이상 ※ 청각장애인: 쓰기 시험 부문 64점 이상	DELF/ DALF	• C2 독해와 작문 영역 25점 이상 • C1 또는 B2 작문 영역 12.5점 이상
G–TELP	GWT 작문 시험 3등급 이상	괴테어학	• C2 또는 B2 쓰기 모듈 60점 이상 • C1 쓰기 영역 15점 이상
FLEX	쓰기 시험 부문 200점 이상	TORFL	4단계 또는 3단계 또는 2단계 또는 1단계 쓰기 영역 66% 이상

행정법 1차 시험 총평

출제 경향

행정사 1차 시험은 행정사 자격을 최종적으로 취득하기 위한 하나의 관문입니다. 최종합격이 2차 시험에서 결정되는 만큼 1차 시험의 난도는 합격자를 선별하기 위함이 아닌 기본적인 소양을 측정하는 데 그 목적이 있습니다. 매년 실시되는 1차 시험의 난도를 분석하면서 드는 생각입니다.

올해 역시 예년과 비슷한 난도와 단원별 출제 비율로 시험이 출제되었습니다. 행정작용편과 행정구제편의 행정쟁송 파트에서 전체의 과반이 넘는 13문항이 출제되었고, 그 외에는 파트별로 1문항 정도씩 출제되었습니다.

행정법각론 부분은 작년과 동일하게 올해도 7문항이 출제되었습니다. 또 기존에 주로 출제되고 있는 조직·지방자치·공무원·공물 파트에서만 출제되었습니다. 따라서 향후 시험을 준비할 수험전략에는 큰 변화가 없습니다.

수험전략

행정사 시험은 판례 문제의 비중보다는 조문과 개념에 대한 정확한 이해 여부를 묻는 문제의 비중이 높은 편입니다. 따라서 판례는 기존의 주요 판례들 위주로 꼼꼼히 학습하시는 것을 추천합니다. 이것이 행정법을 이해하고 기본적 소양을 갖추는 데 가장 큰 효율적인 학습법입니다. 그러나 이때 모든 판례를 이해하고 암기하려고 접근하면 안 됩니다. 다시 말씀드리지만 주요 판례 위주의 학습을 추천합니다. 그리고 나머지 판례들은 객관식 시험에 맞게 결론만을 단순 암기해야 합니다.

2차 시험과 관련이 있으면서 1차 시험에서도 출제 비율이 높은 행정작용편, 행정절차편 그리고 행정구제편의 행정쟁송 파트는 이론과 법령의 철저한 암기가 필요합니다. 이는 향후 1차 시험을 합격하고 바로 2차 시험을 준비해야 할 수험생들에게 큰 도움이 됩니다.

각론 파트는 기출 중심으로 출제가능성이 높은 부분(조직·지방자치·공무원·공물)만을 학습하시길 권합니다. 나머지 부분에 대한 학습은 1~2문제의 정답을 찾기 위해 투자하는 시간이 너무 많을 수 있습니다. 행정사 1차 시험에서는 버릴 부분에 대해서는 과감히 버리는 결단이 필요합니다.

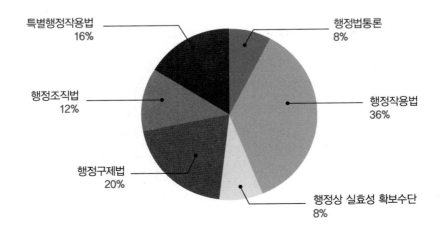

행정법 출제 경향 분석

◁ 2013~2024 행정법 출제 경향 분석

구분		출제 비율
행정법통론	행정	1.4%
	행정법	4.6%
	행정상 법률관계	3.2%
행정작용법	행정입법	4.6%
	행정행위	13.6%
	기타의 행정작용	5.7%
	행정절차·정보공개·개인정보보호	12.1%
행정상 실효성 확보수단	행정강제	4.6%
	행정벌	3.2%
	새로운 의무이행확보수단	0.7%
행정구제법	청원 및 고충민원처리제도	0.0%
	행정상 손해전보제도	5.0%
	행정쟁송	15.4%
행정조직법	행정조직법 개관	6.1%
	지방자치법	5.4%
	공무원법	3.6%
특별행정 작용법	경찰행정법	2.9%
	급부행정법(공물법)	3.9%
	공용부담법	1.4%
	국토개발행정법(토지행정법)	0.7%
	환경행정법	0.0%
	재무행정법	1.8%
총계		100.0%

행정사
이준희 행정법

PART

01

행정법통론

행정

1. 의의

행정은 국가권력을 입법권, 사법권, 행정권으로 분류하는 전통적인 권력분립원리와 함께 등장하였다.

2. 형식적 의미의 행정

행정기관이 행사하는 것은 그 내용이나 실질에 관계없이 모두 행정이라고 보는 것을 말한다.

3. 실질적 의미의 행정

법령 등의 제정·개정행위는 입법으로, 행위나 그 행위자에 대한 법적 판단은 사법으로 보고 그 외의 국가작용을 행정(법집행행위)으로 분류한다.

형식적 행정		
실질적 행정	실질적 입법	실질적 사법
• 영업허가 • 행정대집행 • 지방공무원의 임명 • 조세체납처분 • 대법관, 대법원장 임명	• 대통령령 등 법규명령의 제정 • 조례의 제정 • 긴급명령의 제정	• 행정심판 재결 • 통고처분

형식적 입법		
실질적 행정	실질적 입법	실질적 사법
국회 사무총장의 직원 임명	국회의 법률 제정, 국회규칙의 제정	국회의원의 징계의결

형식적 사법		
실질적 행정	실질적 입법	실질적 사법
• 대법원장의 일반법관 임명 및 연임발령 • 등기사무	• 대법원의 규칙 제정 • 법무사 시행규칙 제정	법원의 재판

02 통치행위

1. 의의

통치행위란 고도의 정치적인 국가행위를 의미한다. 국가의 모든 작용은 원칙적으로 사법심사가 가능하다. 그러나 통치행위는 예외적으로 사법심사가 제한된다.

2. 대법원의 입장

통치행위 긍정	통치행위 부정
• 남북정상회담 개최 여부 • 비상계엄 선포 • 대통령의 서훈 수여	• 대북송금행위 • 국헌문란의 목적으로 행해진 비상계엄 • 유신헌법 긴급조치 • 대통령의 서훈취소

3. 헌법재판소의 입장

통치행위 긍정	통치행위 긍정 (기본권 침해 → 사법심사 대상)	통치행위 부정
• 이라크파병 • 사면	• 긴급재정 · 경제명령 • 신행정수도건설이나 수도이전의 문제를 국민투표에 부칠지 여부 • 개성공단 전면중단 조치	• 한미연합군사훈련 • 신행정수도건설이나 수도이전의 문제

4. 통치행위 주체

행정부(대통령)뿐만 아니라 입법부(국무총리 · 국무위원의 해임건의, 국회의원의 자격심사 · 징계 · 제명 등 국회의 자율권 행사)도 통치행위의 주체가 될 수 있다. 한편 지방의회의원의 징계는 행정행위에 해당하여 사법심사가 전면적으로 이루어진다.

5. 판단주체

통치행위 여부의 판단은 오로지 사법부(헌법재판소 포함)에 의해서만 이루어져야 한다.

법치행정

행정기본법 제8조 【법치행정의 원칙】 행정작용은 법률에 위반되어서는 아니 되며, 국민의 권리를 제한하거나 의무를 부과하는 경우와 그 밖에 국민생활에 중요한 영향을 미치는 경우에는 법률에 근거하여야 한다.

1. 법률의 법규창조력

법규를 창조하는 것은 국민의 대표기관인 국회의 전속적 권한이며, 국회에서 제정한 법률만이 법규로서 국민에 대한 구속력이 있다.

2. 법률우위의 원칙

1) 의의

모든 행정작용은 법률에 위반하여 행해져서는 안 된다.

2) 법률의 범위

법률은 모든 법규를 말하는 것으로서 행정법의 일반원칙도 포함한다. 즉, 국회가 제정한 형식적 의미의 법률만을 의미하는 것은 아니다. 단, 행정규칙은 포함되지 아니한다.

3) 적용영역

법률우위의 원칙은 모든 행정작용에 적용된다(국가와 사인 간의 사법상 계약에도 적용된다).

4) 위반의 효과

법률우위의 원칙에 위반되는 행정작용은 위법하다. 따라서 중대·명백설에 따라 무효 또는 취소의 대상이 된다.

3. 법률유보의 원칙

1) 의의

행정작용은 개별적인 법률의 근거를 요한다.

2) 법률의 의미

법률은 형식적 의미의 법률만을 의미한다. 법률의 위임에 의한 법규명령은 법률에 포함된다.

> **판례**
>
> ▶ 기본권제한에 관한 법률유보의 원칙은 '법률에 의한 규율'을 요청하는 것이 아니라 '법률에 근거한 규율'을 요청하는 것이므로, 기본권의 제한에는 법률의 근거가 필요할 뿐이고 기본권 제한의 형식이 반드시 법률의 형식일 필요는 없다(헌재 2005. 5. 26. 99헌마513).
>
> ▶ 예산은 법률유보의 원칙에서 말하는 법률에 해당하지 않는다(헌재 2006. 4. 25. 2006헌마409).

3) 법률에 직접 규정하여야 하는 중요한 사항(판례)

중요사항 ○	중요사항 ×
• 병의 복무기간 • 방송수신료 금액 · 납부의무자 • 중학교 의무교육 실시 여부 자체 • 사업시행인가 신청에 필요한 토지소유자의 동의 정족수 • 지방의회의원에 유급보좌인력을 두는 것 • 토지초과이득세법상 기준시가 • 법외노조 통보	• 방송수신료 징수 주체 • 중학교 의무교육의 실시 시기와 범위 • 사업시행인가 신청에 필요한 토지소유자의 동의 정족수를 설립조합의 정관에 정하는 것 • 국가유공자단체의 대의원 선출방법

> **판례**
>
> ▶ 헌법상 보장된 국민의 자유나 권리를 제한할 때에는 적어도 그 제한의 본질적인 사항에 관하여 국회가 법률로써 스스로 규율하여야 한다(대법원 2020. 9. 3. 2016두32992 전원합의체).
>
> ▶ 주민의 권리제한 또는 의무부과에 관한 사항이나 벌칙에 해당하는 조례를 제정할 경우에는 그 조례의 성질을 묻지 아니하고 법률의 위임이 있어야 하고 그러한 위임 없이 제정된 조례는 효력이 없다(대법원 2007. 12. 13. 2006추52).

04 행정법의 법원

1. 의의

행정법의 법원은 행정에 관한 법의 존재형식을 의미한다. 현재 행정법에는 단일 법전이 없으며, 행정관련 법령의 집합으로 구성되어 있다.

2. 성문법원

헌법, 법률, 법규명령, 자치법규(지방자치단체장이 제정하는 규칙과 지방의회가 제정하는 조례), 국제법(국제조약과 일반적으로 승인된 국제법규)은 행정법의 법원이 된다. 다만, 행정규칙은 행정법의 법원이 아니다.

판례

▶ 북한은 대한민국 헌법상 국가가 아니다(남북합의서는 조약이 아니다)(대법원 1999. 7. 23. 98두14525).

▶ GATT에 위반된 조례안은 그 효력이 없다(대법원 2005. 9. 9. 2004추10).

▶ 회원국 정부의 반덤핑부과처분이 WTO 협정위반이라는 이유만으로 사인이 직접 국내 법원에 회원국 정부를 상대로 그 처분의 취소를 구하는 소를 제기하거나 위 협정위반을 처분의 독립된 취소사유로 주장할 수는 없다(대법원 2009. 1. 30. 2008두17936).

3. 불문법원

1) 관습법

관행이 일반국민의 법적 확신을 얻어 법적 규범으로 승인받은 것을 말한다. 한편, 국민의 법적 확신에 이르지 못한 관습을 사실인 관습이라고 한다. 관습법은 성문법이 존재하지 않는 경우에만 성립되며, 성문법을 개폐하는 효력은 없다.

(1) 행정선례법

국세기본법(소급과세의 금지)과 행정절차법(신뢰보호)은 행정선례법의 존재를 명문으로 인정하고 있다. 판례는 국세행정상 비과세의 관행을 일종의 행정선례법으로 보고 있다.

(2) 민중적 관습법

민중 사이의 오랜 기간의 관행에 의해 성립되는 관습법(예 수산업법상의 입어권)을 말한다.

2) 판례의 법원성

상급법원의 판결은 당해 사건(동종사건 ×, 유사사건 ×)에 한하여 하급심을 기속한다. 따라서 판례는 법원에 해당하지 않는다.

3) 헌법재판소 위헌결정의 법원성

헌법재판소의 위헌결정은 법원 기타 모든 국가기관을 구속하므로 법원성을 인정할 수 있다. 헌법재판소의 합헌결정에는 기속력이 인정되지 않는다.

4) 조리의 법원성

조리는 법해석의 기본원리로서 성문법·불문법이 모두 없는 경우에 최후의 보충적 법원이다.

5) 사실인 관습

사실인 관습은 행정법의 법원에 해당하지 않는다.

4. 행정법의 일반원칙

행정법의 일반원칙은 법원성이 인정된다.

Chapter 05 행정법의 일반원칙

1. 비례의 원칙(과잉금지의 원칙)

> **헌법 제37조** ② 국민의 모든 자유와 권리는 국가안전보장·질서유지 또는 공공복리를 위하여 필요한 경우에 한하여 법률로써 제한할 수 있으며, 제한하는 경우에도 자유와 권리의 본질적인 내용을 침해할 수 없다.
>
> **행정기본법 제10조【비례의 원칙】** 행정작용은 다음 각 호의 원칙에 따라야 한다.
> 1. 행정목적을 달성하는 데 유효하고 적절할 것
> 2. 행정목적을 달성하는 데 필요한 최소한도에 그칠 것
> 3. 행정작용으로 인한 국민의 이익 침해가 그 행정작용이 의도하는 공익보다 크지 아니할 것

판례

┃ 비례원칙에 위반되는 사례 ┃

▶ 교통사고의 발생원인을 불문하고 졸업생이 낸 교통사고 비율에 따라 운전전문학원에게 운영정지 등을 할 수 있도록 한 것은 운전교육과 기능검정을 철저히 하고자 하는 행정목적을 달성하기 위한 수단으로서 부적절하다(헌재 2005. 7. 21. 2004헌가30).

▶ 청소년유해매체물임을 모르고 청소년에게 대여한 업주에게 과징금을 부과하는 것은 재량권을 일탈·남용한 것으로서 위법하다(대법원 2001. 7. 27. 99두9490).

▶ 형사사건으로 기소되면 필요적으로 직위해제처분을 하도록 한 국가공무원법규정은 비례의 원칙에 위반된다(헌재 1998. 5. 28. 96헌가12).

▶ 기부금품 모집에 관하여 '방법'에 관한 규제로써 공익을 실현할 수 있음에도 '여부'에 관한 수단을 사용하는 것은 비례원칙에 위반된다(헌재 1998. 5. 28. 96헌가5).

▶ 주유소 영업의 양도인이 등유가 섞인 유사휘발유를 판매한 위법사유를 들어 그 양수인에게 대하여 한 6월의 석유판매업영업정지처분은 재량권 일탈로서 위법하다(대법원 1992. 2. 25. 91누13106).

▶ 가중요건이 되는 과거 위반행위와 처벌대상이 되는 재범 음주운전행위 사이에 아무런 시간적 제한을 두지 않고 있는 것은 비례원칙에 위반된다(헌재 2021. 11. 25. 2019헌바446).

┃ 비례원칙에 위반되지 않는다고 본 사례 ┃

▶ 위반횟수에 따른 처벌을 규정하면서 법개정 전의 음주운전 적발도 포함시킨 것은 비례원칙에 위반되지 않는다(대법원 2012. 11. 29. 2012도10269).

▶ 음주운전의 경우 개인택시운송사업에 종사하여 가족의 생계를 유지하고 있는 사정이 있다 하더라도 면허취소처분은 비례의 원칙에 반하지 않는다(대법원 1995. 9. 29. 95누8126).

2. 평등의 원칙

> **행정기본법 제9조【평등의 원칙】** 행정청은 합리적 이유 없이 국민을 차별하여서는 아니 된다.

평등원칙은 헌법 제11조에 명시적으로 규정된 원칙이다. 따라서 평등원칙에 위배되는 행위는 위법인 동시에 위헌이 된다.

평등원칙 위반 ○	평등원칙 위반 ×
• 동일한 징계사유에 해당하는 수인 중 1인에게만 파면 처분한 것 • 증인의 불출석 등에 대한 과태료의 액수를 증인의 사회적 지위에 따라 차등 부과하는 것 • 청원경찰의 인원감축을 위한 면직처분대상자를 선정함에 있어서 학력수준에 따라 감원비율을 달리 정한 것(취소사유) • 국·공립사범대학 등 출신자를 국·공립학교 교사로 우선하여 채용하도록 한 규정 • 국유잡종재산에 대한 시효취득을 부인하는 규정 • 제대군인에 대한 가산점 제도 • 국·공립학교의 채용 시험에서 국가유공자와 그 가족에게 만점의 10%를 가산하는 규정 • 해외근무자들의 자녀를 대상으로 하는 특별전형에서 외교관, 공무원의 자녀에 대하여 20%의 가산점을 부여하는 것	• 일반직 직원의 정년을 58세로 규정하면서 전화교환직렬 직원만은 정년을 53세로 규정한 것 • 중등교사 임용시험에서 동일 지역 사범대학을 졸업한 교원경력이 없는 자에게 가산점(2%)을 부여하는 것 • 국·공립학교 채용시험의 동점자처리에서 국가유공자 등 및 그 유족·가족에게 우선권을 주는 것 • 샘물제조업자에 대해서만 수질개선부담금을 부과하는 것 • 대법원장(70세), 대법관(65세), 법관(63세)의 정년을 달리 정하는 것 • 지방의원에게 개인후원회를 금지하는 규정 • 반성 여부에 따라 징계의 종류와 양정에 있어서 차등을 두는 것 • 무단점유자에 대한 변상금을 일반적인 사용료보다 20% 가산하여 징수하는 것

3. 자기구속의 원칙

1) 근거

행정기본법상 명문으로 규정되어 있는 것은 아니나, 평등의 원칙이나 신뢰보호의 원칙에서 그 근거가 도출된다.

2) 요건

① 재량영역에서의 행정작용일 것, ② 동일 행정청이 동종 사안에 대하여 재량준칙을 적용할 것, ③ 선례가 존재할 것, ④ 행정관행이 적법할 것이 요구된다.

4. 신뢰보호의 원칙

> **행정기본법 제12조【신뢰보호의 원칙】** ① 행정청은 공익 또는 제3자의 이익을 현저히 해칠 우려가 있는 경우를 제외하고는 행정에 대한 국민의 정당하고 합리적인 신뢰를 보호하여야 한다.
> ② 행정청은 권한 행사의 기회가 있음에도 불구하고 장기간 권한을 행사하지 아니하여 국민이 그 권한이 행사되지 아니할 것으로 믿을 만한 정당한 사유가 있는 경우에는 그 권한을 행사해서는 아니 된다. 다만, 공익 또는 제3자의 이익을 현저히 해칠 우려가 있는 경우는 예외로 한다.

판례

▶ **신뢰보호원칙의 요건**

일반적으로 행정상의 법률관계에 있어서 행정청의 행위에 대하여 신뢰보호의 원칙이 적용되기 위해서는, 첫째 행정청이 개인에 대하여 신뢰의 대상이 되는 공적인 견해표명을 하여야 하고, 둘째 행정청의 견해표명이 정당하다고 신뢰한 데에 대하여 그 개인에게 귀책사유가 없어야 하며, 셋째 그 개인이 그 견해표명을 신뢰하고 이에 상응하는 어떠한 행위를 하였어야 하고, 넷째 행정청이 위 견해표명에 반하는 처분을 함으로써 그 견해표명을 신뢰한 개인의 이익이 침해되는 결과가 초래되어야 하며, 마지막으로 위 견해표명에 따른 행정처분을 할 경우 이로 인하여 공익 또는 제3자의 정당한 이익을 현저히 해할 우려가 있는 경우가 아니어야 한다(대법원 2006. 2. 24. 2004두13592).

▶ **묵시적인 견해표명이 공적인 견해표명으로 인정되기 위한 요건**

국세기본법 제18조 제3항에 규정된 비과세관행이 성립하려면, 상당한 기간에 걸쳐 과세를 하지 아니한 객관적 사실이 존재할 뿐만 아니라, 과세관청 자신이 그 사항에 관하여 과세할 수 있음을 알면서도 어떤 특별한 사정 때문에 과세하지 않는다는 의사가 있어야 하며, 위와 같은 공적 견해나 의사는 명시적 또는 묵시적으로 표시되어야 하지만 묵시적 표시가 있다고 하기 위하여는 단순한 과세누락과는 달리 과세관청이 상당기간의 불과세 상태에 대하여 과세하지 않겠다는 의사표시를 한 것으로 볼 수 있는 사정이 있어야 한다(대법원 2003. 9. 5. 2001두7855).

▶ **행정청의 공적 견해표명과 귀책사유의 유무에 대한 판단기준**

행정청의 공적 견해표명이 있었는지의 여부를 판단함에 있어서는, 반드시 행정조직상의 형식적인 권한분장에 구애될 것은 아니고, 상대방의 신뢰가능성에 비추어 실질에 의하여 판단하여야 하고, 귀책사유의 유무는 상대방과 그로부터 신청행위를 위임받은 수임인 등 관계자 모두를 기준으로 판단하여야 한다(대법원 2008. 1. 17. 2006두10931).

▶ 법령의 개정에서 신뢰보호원칙이 적용되어야 하는 이유는 법적 안정성을 확보하기 위함이다(대법원 2007. 10. 29. 2005두4649 전원합의체).

▶ **신뢰형성의 기초가 된 사실관계가 사후에 변경되었다면 신뢰보호의 원칙을 주장할 수 없다.**

행정청이 상대방에게 장차 어떤 처분을 하겠다고 확약 또는 공적인 의사표명을 하였다고 하더라도, 그 자체에서 상대방으로 하여금 언제까지 처분의 발령을 신청을 하도록 유효기간을 두었는데도 그 기간 내에 상대방의 신청이 없었다거나 확약 또는 공적인 의사표명이 있은 후에 사실적·법률적 상태가 변경되었다면, 그와 같은 확약 또는 공적인 의사표명은 행정청의 별다른 의사표시를 기다리지 않고 실효된다(대법원 1996. 8. 20. 95누10877).

▶ 임용당시 공무원임용결격사유가 있었다면 비록 국가의 과실에 의하여 임용결격자임을 밝혀내지 못하였다 하더라도 그 임용행위는 당연무효로 보아야 한다. 그러한 의미에서 당초의 임용처분을 취소함에 있어서는 신의칙 내지 신뢰의 원칙을 적용할 수 없고 또 그러한 의미의 취소권은 시효로 소멸하는 것도 아니다(대법원 1987. 4. 14. 86누459).

▶ 위법한 공적 견해표명도 신뢰보호의 대상이다. 다만 무효인 경우에는 신뢰의 원칙을 적용할 수 없다(대법원 2007. 7. 27. 2005다22671).

▶ 도시계획구역 내 생산녹지로 답인 토지에 대하여 종교회관 건립을 이용목적으로 하는 토지거래계약의 허가를 받으면서 담당공무원이 관련 법규상 허용된다 하여 이를 신뢰하고 건축 준비를 하였으나 그 후 토지형질변경허가신청을 불허가 한 것은 신뢰보호원칙에 반한다(대법원 1997. 9. 12. 96누18380).

▶ 폐기물처리업에 대하여 사전에 관할 관청으로부터 적정통보를 받고 막대한 비용을 들여 허가요건을 갖춘 다음 허가신청을 하였음에도 다수 청소업자의 난립으로 안정적이고 효율적인 청소업무의 수행에 지장이 있다는 이유로 한 불허가처분이 신뢰보호의 원칙 및 비례의 원칙에 반하는 것으로서 재량권을 남용한 위법한 처분이다(1998. 5. 8. 98두4061).

▶ 폐기물처리업 사업계획에 대한 적정통보는 국토이용계획변경신청을 승인하여 주겠다는 취지의 공적인 견해표명을 한 것으로 볼 수 없다(대법원 2005. 4. 28. 2004두8828).

▶ 단순한 과세 누락이나 과세관청의 일반론적인 견해표명은 공적인 견해표명을 한 것이라고 할 수 없다(대법원 2001. 4. 24. 2000두5203).

▶ 단순히 착오로 처분을 반복한 경우에는 신뢰보호원칙이 적용되지 않는다(대법원 2020. 7. 23. 2020두33824).

▶ 행정계획의 발표는 공적인 견해표명을 한 것이라고 할 수 없다(대법원 2000. 11. 10. 2000두727).

▶ 과세관청이 납세의무자에게 부가가치세 면세사업자용 사업자등록증을 교부하거나 고유번호를 부여하 였다고 하더라도 그가 영위하는 사업에 관하여 부가가치세를 과세하지 않겠다는 언동이나 공적견해를 표 명한 것으로 볼 수 없다(대법원 2002. 9. 4. 2001두9370).

▶ 과세관청이 아닌 보건사회부장관의 비과세 표명도 신뢰보호의 대상이 된다(대법원 1996. 1. 23. 95누 13746).

▶ 수출확대라는 공익상 필요에서 4년 동안 그 면허세를 부과하지 않았다면 신뢰보호의 대상이 된다(대법 원 1980. 6. 10. 80누6 전원합의체).

▶ 담당이 아닌 민원 공무원의 단순 상담은 공적인 견해표명이라 할 수 없다(대법원 2003. 12. 26. 2003두 1875).

▶ 민원예비심사 단계에서 개발이익환수에 대한 답변은 공적인 견해표명을 한 것으로 볼 수 없다(대법원 2006. 6. 9. 2004두46).

▶ 처분의 하자가 당사자의 사실은폐나 기타 사위의 방법에 의한 신청행위에 기인한 것이라면 보호가치 있는 신뢰가 아니다(대법원 1996. 10. 25. 95누14190).

5. 성실의무 및 권한남용금지의 원칙(신의성실의 원칙)

> **행정기본법 제11조【성실의무 및 권한남용금지의 원칙】** ① 행정청은 법령등에 따른 의무를 성실히 수행하여야 한다.
> ② 행정청은 행정권한을 남용하거나 그 권한의 범위를 넘어서는 아니 된다.

판례

▶ 국가가 과거사정리법의 적용 대상인 피해자의 진실규명신청을 받은 경우 피해자 등에 대하여 소멸시효의 완성을 주장하는 것은 신의성실 원칙에 반한다(권리남용에 해당)(대법원 2014. 5. 29. 2013다217467 · 217474).

▶ 근로복지공단의 요양불승인처분으로 사실상의 장애사유가 있었다면 근로복지공단의 소멸시효 항변은 신의성실의 원칙에 반하여 허용될 수 없다(대법원 2008. 9. 18. 2007두2173 전원합의체).

▶ 정년을 1년 3개월 앞두고 호적상 출생연월일을 정정한 후 그 출생연월일을 기준으로 정년의 연장을 요구하는 것은 신의성실의 원칙에 반하지 않는다(대법원 2009. 3. 26. 2008두21300).

6. 부당결부금지의 원칙

> **행정기본법 제13조【부당결부금지의 원칙】** 행정청은 행정작용을 할 때 상대방에게 해당 행정작용과 실질적인 관련이 없는 의무를 부과해서는 아니 된다.

판례

▶ 지방자치단체장이 사업자에게 주택사업계획승인을 하면서 그 주택사업과는 아무런 관련이 없는 토지를 기부채납하도록 하는 부관을 주택사업계획승인에 붙인 경우, 그 부관은 부당결부금지의 원칙에 위반되어 위법하다(대법원 1997. 3. 11. 96다49650).

▶ 65세대의 주택건설사업에 대한 사업계획승인시 '진입도로 설치 후 기부채납, 인근 주민의 기존 통행로 폐쇄에 따른 대체 통행로 설치 후 그 부지 일부 기부채납'을 조건으로 붙인 것은 위법한 부관에 해당하지 않는다(대법원 1997. 3. 14. 96누16698).

06 행정법의 효력

1. 시간적 효력

1) 법령(법률 · 대통령령 · 총리령 · 부령 · 조례 · 규칙)의 효력발생

> **법령 등 공포에 관한 법률**
> **제13조【시행일】** 대통령령, 총리령 및 부령은 특별한 규정이 없으면 공포한 날부터 20일이 경과함으로써 효력을 발생한다.
> **제13조의2【법령의 시행유예기간】** 국민의 권리 제한 또는 의무 부과와 직접 관련되는 법률, 대통령령, 총리령 및 부령은 긴급히 시행하여야 할 특별한 사유가 있는 경우를 제외하고는 공포일부터 적어도 30일이 경과한 날부터 시행되도록 하여야 한다.

2) 소급입법금지의 원칙

> **행정기본법 제14조【법 적용의 기준】** ① 새로운 법령등은 법령등에 특별한 규정이 있는 경우를 제외하고는 그 법령등의 효력 발생 전에 완성되거나 종결된 사실관계 또는 법률관계에 대해서는 적용되지 아니한다.
> ② 당사자의 신청에 따른 처분은 법령등에 특별한 규정이 있거나 처분 당시의 법령등을 적용하기 곤란한 특별한 사정이 있는 경우를 제외하고는 처분 당시의 법령등에 따른다.
> ③ 법령등을 위반한 행위의 성립과 이에 대한 제재처분은 법령등에 특별한 규정이 있는 경우를 제외하고는 법령등을 위반한 행위 당시의 법령등에 따른다. 다만, 법령등을 위반한 행위 후 법령등의 변경에 의하여 그 행위가 법령등을 위반한 행위에 해당하지 아니하거나 제재처분 기준이 가벼워진 경우로서 해당 법령등에 특별한 규정이 없는 경우에는 변경된 법령등을 적용한다.

(1) 진정소급입법

진정소급입법은 원칙적으로 허용되지 않는다. 다만, 진정소급입법이라 하더라도 ① 일반적으로 국민이 소급입법을 예상할 수 있었거나, ② 법적 상태가 불확실하고 혼란스러워 보호할 만한 신뢰이익이 적은 경우, ③ 소급입법에 의한 당사자의 손실이 없거나 아주 경미한 경우, 그리고 ④ 신뢰보호의 요청에 우선하는 심히 중대한 공익상의 사유가 소급입법을 정당화하는 경우 등에 해당한다면 예외적으로 허용될 수 있다.

(2) 부진정소급입법

부진정소급입법은 원칙적으로 허용된다. 다만, 법령에 대한 신뢰이익을 침해하게 되는 경우에도 신뢰보호의 원칙이 적용될 수 있다.

> **판례**
>
> ▶ 이미 연금사유가 발생한 후에 개정 공무원연금법을 적용하여 장래 이행기가 도래하는 퇴직연금수급권의 내용만을 변경하는 퇴직연금제한 처분은 허용된다(대법원 2014. 4. 24. 2013두26552).
>
> ▶ 성적불량을 이유로 한 학생징계처분에 있어서 수강신청 이후 징계요건을 완화한 개정학칙을 소급적용할 수 있다(대법원 1989. 7. 11. 87누1123).
>
> ▶ 어떠한 법률조항에 대하여 헌법재판소가 헌법불합치결정을 하여 그 법률조항을 합헌적으로 개정 또는 폐지하는 임무를 입법자의 형성 재량에 맡긴 이상, 그 개선입법의 소급적용 여부와 소급적용의 범위는 원칙적으로 입법자의 재량이다(대법원 2008. 1. 17. 2007두21563).

2. 지역적 효력

국가의 법령이 영토의 일부지역에만 적용되는 경우도 있다(예 수도권정비계획법, 제주도국제자유도시특별법 등).

3. 대인적 효력

행정법규는 속지주의가 원칙이므로 영토 또는 구역 내에 있는 모든 사람에게 일률적으로 적용된다. 다만, 외국인에 대하여 특칙을 두거나, 상호주의가 적용되는 경우도 있다. 또한 예외적으로 외국에 있는 내국인에게도 적용되는 경우도 있다(예 여권법, 병역법 등).

4. 효력의 소멸

1) 헌법재판소의 위헌결정

위헌으로 결정된 법률은 그 결정이 있는 날로부터 효력을 상실한다. 다만 형벌에 관한 조항은 소급하여 효력을 상실한다.

2) 대법원의 명령·규칙에 대한 위헌·위법 결정은 해당 사건에만 적용하는 개별적 효력을 가질 뿐이고 일반적으로 무효가 되는 것은 아니다.

07 행정상 법률관계

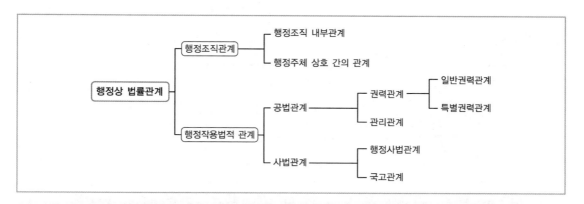

사법관계로 파악한 경우	공법관계로 파악한 경우
• 전기 · 전화 · 가스 · 철도 • 사립학교(학교법인)와 소속 교원의 관계, 등록금 징수행위, 학생에 대한 징계처분 • 손실보상청구권 • 환매 • 일반재산의 대부행위와 사용료 부과 • 부당이득반환청구(무효인 조세부과처분에 대한 과오납금 반환청구) • 협의취득 • 행정상 손해배상 • 한국마사회의 기수면허 취소	• 수도 이용관계 • 공공조합과 조합원 간의 법률관계 • 재개발조합의 관리처분계획안에 대한 조합총회 결의 • 하천법 · 공유수면매립법 · 토지보상법상 손실보상청구권, 사업폐지에 대한 손실보상청구권 • 행정재산(국유재산)의 사용 · 수익허가와 사용 · 수익자에 대한 사용료 부과 • 국유재산 무단점유자에 대한 변상금 부과처분 • 일반재산의 사용료 미납시 징수 • 국가나 지방자치단체에 근무하는 청원경찰 • 사립학교법인의 학위수여 • 전염병환자의 강제입원 • 사립중학교 의무교육의 위탁관계 • 사인의 소득세원천징수 • 국립의료원 부설 주차장에 관한 위탁관리용역운영계약(특허) • 국립대학의 교원의 신분관계 • 서울시립무용단원의 위촉과 해촉 • 공무수탁사인의 행정행위 • 특허기업자의 토지수용 등 공용부담관계 • 귀속재산처리법에 따른 귀속재산 매각행위 • 조달청장의 부정업자에 대한 입찰참여자격 정지처분 • 부가가치세 환급세액 지급 청구(당사자소송)

행정법관계의 당사자

1. 행정주체

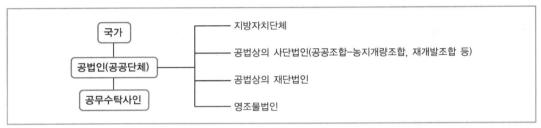

영조물	영조물법인
• 영조물은 행정주체가 일정한 공익을 달성하기 위해 제공한 인적·물적 결합체를 말한다(국립대학, 국립도서관). • 영조물은 행정주체가 아니므로 그 법적책임은 국가(또는 지방단체)에 귀속된다.	• 영조물에 법인격이 부여된 것이 영조물법인이다(한국은행, 한국방송공사, 국립의료원, 서울대학교). • 영조물법인은 국가와 별도의 행정주체가 된다.

2. 공무수탁사인

1) 국가 또는 지방자치단체로부터 법령에 의하여 공적인 임무를 위탁받아 자신의 이름으로 행정사무를 수행하는 행정주체이다(자연인, 법인 또는 법인격 없는 단체 포함).

2) 공무수탁사인은 행정주체에 해당하므로 당사자소송의 피고가 된다. 또한 공무수탁사인은 행정청의 지위를 가지므로 항고소송의 피고가 된다.

3) 공무수탁사인의 위법한 행위로 사인이 침해를 입은 경우 국가배상법에 따라 공무를 위탁한 국가 또는 지방자치단체를 상대로 손해배상을 청구할 수 있다.

4) 관계법령에 의하여 대집행권한을 부여받은 구 한국토지공사는 공무수탁사인으로서 행정주체의 지위에 있다고 볼 수 있지만, 국가배상법상 공무원에 해당한다고 볼 수는 없다.

공법상 사건

1. 기간

행정기본법

제6조【행정에 관한 기간의 계산】 ① 행정에 관한 기간의 계산에 관하여는 이 법 또는 다른 법령등에 특별한 규정이 있는 경우를 제외하고는 「민법」을 준용한다.

② 법령등 또는 처분에서 국민의 권익을 제한하거나 의무를 부과하는 경우 권익이 제한되거나 의무가 지속되는 기간의 계산은 다음 각 호의 기준에 따른다. 다만, 다음 각 호의 기준에 따르는 것이 국민에게 불리한 경우에는 그러하지 아니하다.

1. 기간을 일, 주, 월 또는 연으로 정한 경우에는 기간의 첫날을 산입한다.
2. 기간의 말일이 토요일 또는 공휴일인 경우에도 기간은 그 날로 만료한다.

제7조【법령등 시행일의 기간 계산】 법령등(훈령 · 예규 · 고시 · 지침 등을 포함한다. 이하 이 조에서 같다)의 시행일을 정하거나 계산할 때에는 다음 각 호의 기준에 따른다.

1. 법령등을 공포한 날부터 시행하는 경우에는 공포한 날을 시행일로 한다.
2. 법령등을 공포한 날부터 일정 기간이 경과한 날부터 시행하는 경우 법령등을 공포한 날을 첫날에 산입하지 아니한다.
3. 법령등을 공포한 날부터 일정 기간이 경과한 날부터 시행하는 경우 그 기간의 말일이 토요일 또는 공휴일인 때에는 그 말일로 기간이 만료한다.

제7조의2【행정에 관한 나이의 계산 및 표시】 행정에 관한 나이는 다른 법령등에 특별한 규정이 있는 경우를 제외하고는 출생일을 산입하여 만(滿) 나이로 계산하고, 연수(年數)로 표시한다. 다만, 1세에 이르지 아니한 경우에는 월수(月數)로 표시할 수 있다.

2. 소멸시효

다른 법률에 특별한 규정이 없는 한, 5년간 이를 행사하지 않는 때에는 시효로 인하여 소멸한다. 국세기본법상 소멸시효 중단사유에는 납세(납입)고지, 독촉 또는 납부최고, 교부청구, 압류 등이 있다.

판례

▶ 과세처분의 취소 또는 무효확인청구의 소는 조세환급을 구하는 부당이득반환청구권의 소멸시효중단사유인 재판상 청구에 해당한다(대법원 1992. 3. 31. 91다32053 전원합의체).

▶ 납입고지에 의한 부과처분이 취소되어도 납입고지에 의한 시효중단의 효력이 상실되지 않는다(대법원 2000. 9. 8. 98두19933).

▶ 변상금 부과처분에 대한 취소소송의 진행 중에도 그 부과권의 소멸시효가 진행한다(대법원 2006. 2. 10. 2003두5686).

3. 취득시효

행정재산은 시효취득의 대상이 되지 않는다. 다만 일반재산(구 잡종재산)에 대해서는 시효취득을 인정한다.

> **판례**
>
> 행정목적을 위하여 공용되는 행정재산은 공용폐지가 되지 않는 한 사법상 거래의 대상이 될 수 없으므로 취득시효의 대상도 되지 않는 것인바, 공물의 용도폐지 의사표시는 명시적이든, 묵시적이든 불문하나 적법한 의사표시이어야 하고 단지 사실상 공물로서의 용도에 사용되지 아니하고 있다는 사실만으로 용도폐지의 의사표시가 있다고 볼 수는 없는 것이다(대법원 1983. 6. 14. 83다카181).

4. 주소

행정법상의 주소에 관해서는 주민등록법이 "누구든지 신고를 이중으로 할 수 없다."라고 규정함으로써 주소 단일주의를 취하고 있다.

Chapter 10

사인의 공법행위 - 신고

> **행정기본법 제34조【수리 여부에 따른 신고의 효력】** 법령등으로 정하는 바에 따라 행정청에 일정한 사항을 통지하여야 하는 신고로서 법률에 신고의 수리가 필요하다고 명시되어 있는 경우(행정기관의 내부 업무 처리 절차로서 수리를 규정한 경우는 제외한다)에는 행정청이 수리하여야 효력이 발생한다.
>
> **행정절차법 제40조【신고】** ① 법령등에서 행정청에 일정한 사항을 통지함으로써 의무가 끝나는 신고를 규정하고 있는 경우 신고를 관장하는 행정청은 신고에 필요한 구비서류, 접수기관, 그 밖에 법령등에 따른 신고에 필요한 사항을 게시(인터넷 등을 통한 게시를 포함한다)하거나 이에 대한 편람을 갖추어 두고 누구나 열람할 수 있도록 하여야 한다.
> ② 제1항에 따른 신고가 다음 각 호의 요건을 갖춘 경우에는 신고서가 접수기관에 도달된 때에 신고 의무가 이행된 것으로 본다.
>   1. 신고서의 기재사항에 흠이 없을 것
>   2. 필요한 구비서류가 첨부되어 있을 것
>   3. 그 밖에 법령등에 규정된 형식상의 요건에 적합할 것
> ③ 행정청은 제2항 각 호의 요건을 갖추지 못한 신고서가 제출된 경우에는 지체 없이 상당한 기간을 정하여 신고인에게 보완을 요구하여야 한다.
> ④ 행정청은 신고인이 제3항에 따른 기간 내에 보완을 하지 아니하였을 때에는 그 이유를 구체적으로 밝혀 해당 신고서를 되돌려 보내야 한다.

구분	자기완결적 신고(수리를 요하지 않는 신고)	행위요건적 신고(수리를 요하는 신고)	
신고필증	필수 ×	필수 ×	
적법신고	수리 × → 효력 ○	수리 × → 효력 ×	
부적법 신고	수리 ○ → 효력 ×	수리 ○ →	취소사유: 효력 ○ (취소되면 효력 ×)
			무효사유: 무효 (효력 ×)
수리 거부 처분성	× (예외: 건축신고 반려, 건축물 착공신고 반려, 원격평생교육신고 반려)	○	

자기완결적 신고(수리를 요하지 않는 신고)	행위요건적 신고(수리를 요하는 신고)
① 축산물판매업 신고, 수산업법상의 수산제조업 신고	① 영업양도에 따른 지위승계신고
② 당구장 영업신고	② 주민등록신고
③ 일반적 건축신고(건축법 제14조 제1항 − 담장 설치공사신고)・건축물의 용도변경신고	③ 건축주명의변경신고
④ 원격평생교육신고	④ 인・허가 의제 효과를 수반하는 건축신고
⑤ 의원개설신고	⑤ 장기요양기관의 폐업신고, 노인의료복지시설의 폐지신고
⑥ 부가가치세법상 사업자 등록	⑥ 수산업법상 어업의 신고
⑦ 골프연습장 이용료 변경신고	⑦ 유료노인복지주택의 설치신고
⑧ 출생신고, 사망신고	⑧ 납골당설치신고
⑨ 숙박업, 목욕장업, 미용업의 신고 등	⑨ 혼인신고
	⑩ 학교환경위생정화구역 내에서의 체육시설업(당구장업)신고
	⑪ 개발제한구역 내 건축신고
	⑫ 개발제한구역 내 골프연습장신고

판례

▶ 신고사항이 아닌 신고를 수리한 경우 그 수리는 항고소송의 대상이 되는 행정처분에 해당하지 아니한다(대법원 2000. 12. 22. 99두455).

▶ 납골당설치 신고(수리를 요하는 신고) 수리행위에 신고필증 교부 등 행위가 꼭 필요한 것은 아니다. 또한 관계 법령에 따른 허가 및 준수 사항을 이행하여야 한다는 내용의 납골당설치 신고사항의 이행통지는 납골당 설치 신고수리에 해당한다(대법원 2011. 9. 8. 2009두6766).

▶ 사실상 영업이 양도・양수되었지만 아직 승계신고 및 그 수리처분이 있기 이전에는 여전히 종전의 영업자인 양도인이 영업허가자이다(대법원 1995. 2. 24. 94누9146).

▶ 전입신고를 받은 시장・군수 또는 구청장의 심사 대상은 전입신고자가 30일 이상 생활의 근거로 거주할 목적으로 거주지를 옮기는지 여부만으로 제한된다고 보아야 한다. 따라서 전입신고자가 거주의 목적 이외에 다른 이해관계에 관한 의도를 가지고 있는지 여부, 무허가 건축물의 관리, 전입신고를 수리함으로써 당해 지방 자치단체에 미치는 영향 등과 같은 사유는 주민등록법이 아닌 다른 법률에 의하여 규율되어야 하고, 주민등록 전입신고의 수리 여부를 심사하는 단계에서는 고려 대상이 될 수 없다(대법원 2009. 6. 18. 2008두10997 전원합의체).

MEMO

행정사
이준희 행정법

PART

02

행정작용

01 행정입법

구분	법규명령	행정규칙
공통점	일반적 · 추상적 규율. 따라서 원칙적으로 처분성 인정 ×	
법형식	시행령(대통령령), 시행규칙(부령)	고시 · 훈령 · 예규 · 지침 등
법적 근거	• 법률유보 · 법률우위의 원칙 적용 • 위임명령: 상위법령의 수권 필요 ○ • 집행명령: 상위법령의 수권 필요 ×	• 법률유보의 원칙은 적용 × • 법률우위의 원칙은 적용 ○ • 상위법령의 수권을 요하지 않음 (단, 법령보충규칙은 수권을 요함)
규율 대상	• 일반권력관계 • 국민의 권리 · 의무에 관한 내용 • 위임명령: 새로운 법규사항 규율 가능 • 집행명령: 새로운 법규사항 규율 불가	• 특별권력관계 • 행정조직 내부의 기준, 지침, 해석
절차	• 법제처 사전심사(모든 법규명령) • 국무회의 심의(대통령령만)	특별한 절차규정 없음
성질	법규성 인정되므로 대외적 구속력이 있으며 재판규범이 됨	• 법규성 부정(행정내부적 규율) • 재판규범 ×
위반의 효과	위법한 행정작용	• 원칙적으로 유효(평등의 원칙, 자기구속 원칙 등을 근거로 위법성 주장) • 내부적 징계사유는 될 수 있음
효력발생	공포가 있어야 효력이 발생	공포가 없어도 되며, 수명기관에 도달하면 효력이 발생(처분기준은 행정절차법상 공표의무가 있음)

Chapter 02 법규명령

1. 헌법상 인정되고 있는 법규명령

대통령령, 총리령·부령, 대법원규칙, 헌법재판소규칙, 국회규칙, 중앙선거관리위원회규칙 등이 있다. 대통령령은 통상 시행령이라고 하고 부령은 시행규칙이라고 표현한다.

대통령 긴급명령과 긴급재정·경제명령은 법률의 효력을 가지므로 법률대위명령이라고 한다.

2. 감사원규칙

감사원규칙에 대하여는 헌법에 근거가 없으며, 감사원법에 따라 제정된다.

> **판례**
> 헌법이 인정하고 있는 위임입법의 형식은 예시적인 것이다(헌재 2004. 10. 28. 99헌바91).

3. 소속기관의 입법

국무총리의 직속기관(예 법제처장 등)이나 행정각부의 소속기관(예 경찰청장 등)은 행정각부의 장이 아니므로 독립하여 법규명령을 제정할 수 없다. 따라서 이들은 총리령의 형식으로 해야 한다.

4. 위임명령

1) 의의

법률보충명령이라고도 한다. 위임명령은 법률 또는 상위명령의 개별적·구체적 위임에 의하여 국민의 권리·의무를 규율한다.

2) 한계

(1) 포괄적 위임의 금지

법률은 위임할 대상·범위 등에 관하여 구체적으로 정해야 하며, 누구라도 행정입법에 의하여 규율될 내용의 대강을 합리적으로 예측할 수 있어야 할 것이다.

(2) 국회전속적 입법사항

헌법이 법률로써 정하도록 명시적으로 규정하고 있는 사항(① 국적취득의 요건, ② 재산권의 수용·사용·제한 및 그에 대한 보상, ③ 행정각부의 설치·조직과 직무범위의 결정)은 법규명령으로 정할 수 없음이 원칙이다. 다만, 기본적인 내용을 법률로 정하고 세부적인 사항은 구체적 범위를 정하여 행정입법에 위임이 가능하다.

(3) 처벌법규나 조세법규

기본권 침해영역에서는 급부영역에서보다 구체성의 요구가 강화된다. 처벌법규는 법률에서 구체적으로 범죄의 구성요건을 정하여야 하며, 형벌의 종류 및 그 상한과 폭을 명백히 규정하여야 한다.

(4) 재위임의 가능성

위임받은 사항에 관하여 일반적인 사항을 규정하고 그 세부적 사항을 하위명령에 재위임하는 것은 가능하다.

(5) 조례에 대한 위임

조례에 대한 위임은 포괄적 위임도 가능하다. 그러나 국민의 권리·의무에 관련되는 것일 경우에는 적어도 국민의 권리·의무에 관한 기본적이고 본질적인 사항은 국회가 정하여야 한다.

(6) 사실관계가 수시로 변할 수 있는 사안

구체성의 요구가 완화된다.

> **판례**
>
> ▶ 명시적 규정이 없어도 모법의 해석상 가능한 시행령이나 시행규칙은 적법하다(대법원 2014. 8. 20. 2012두19526).
>
> ▶ 법률 또는 대통령령으로 정할 사항을 부령으로 정한 경우 그러한 부령은 무효이다(대법원 1962. 1. 25. 4294민상9).
>
> ▶ 포괄적 위임인지 여부는 법규를 유기적 체계적으로 종합 판단하여 결정한다. 법률의 위임 규정 자체가 그 의미 내용을 정확하게 알 수 있는 용어를 사용하여 위임의 한계를 분명히 하고 있는데도 시행령이 그 문언적 의미의 한계를 벗어났다든지, 위임 규정에서 사용하고 있는 용어의 의미를 넘어 그 범위를 확장하거나 축소함으로써 위임 내용을 구체화하는 단계를 벗어나 새로운 입법을 한 것으로 평가할 수 있다면, 이는 위임의 한계를 일탈한 것으로서 허용되지 않는다(대법원 2012. 12. 20. 2011두30878 전원합의체).
>
> ▶ 조례에 대해서는 포괄적 위임이 가능하다(대법원 1991. 8. 27. 90누6613).
>
> ▶ 정관에 대해서는 포괄적 위임이 가능하다(대법원 2007. 10. 12. 2006두14476).
>
> ▶ 법률에서 위임받은 사항을 전혀 규정하지 아니하고 그대로 하위법령에 재위임하는 것은 허용되지 않으며 위임받은 사항에 관하여 대강을 정하고 그 중의 특정사항을 범위를 정하여 하위법령에 다시 위임하는 경우에만 재위임이 허용된다(헌재 1996. 2. 29. 94헌마213).

▶ 입법목적을 달성하기 위하여 가능한 여러 수단 가운데 어느 것을 선택할 것인가의 문제는 그 결정이 현저하게 불합리하고 불공정한 것이 아닌 한 입법재량에 속하는 것이다(헌재 1996. 2. 29. 94헌마213).

5. 집행명령

집행명령은 상위법령의 구체적·개별적인 위임을 근거로 하는 것이 아니다. 집행명령은 상위법령의 시행을 위하여 구체적·세부적 또는 절차적·기술적 사항만을 규정하는 것이다. 집행명령도 법규명령이지만 국민의 권리·의무에 관한 사항을 정할 수는 없다. 따라서 집행명령이 새로운 법규사항(국민의 권리·의무에 관한 사항)을 규정하였다면 그 집행명령은 위법한 명령이 되고 무효가 된다.

6. 무효인 법령에 따른 행정처분의 효력

무효인 법령에 근거해서 발하여진 행정처분은 당연히 위법한 처분이 된다. 그 위법성의 정도는 중대명백설에 비추어 판단한다.

① 행정처분이 있은 후에 위헌결정이 있으면 취소사유에 해당한다. 왜냐하면 위헌결정이 있기 전에는 법령이 위헌이라는 것이 명백하지 않기 때문이다.

② 위헌결정 이후에 행정처분이 있으면 그 행정처분은 무효가 된다.

7. 근거 법령의 소멸

1) 위임명령

위임명령은 그 근거법인 법률 또는 상위명령이 소멸하면 법적 근거가 없는 것으로 되어 그 효력이 소멸한다.

판례

일반적으로 법률의 위임에 의하여 효력을 갖는 법규명령의 경우, 구법에 위임의 근거가 없어 무효였더라도 사후에 법개정으로 위임의 근거가 부여되면 그 때부터는 유효한 법규명령이 되나, 반대로 구법의 위임에 의한 유효한 법규명령이 법개정으로 위임의 근거가 없어지게 되면 그 때부터 무효인 법규명령이 되므로, 어떤 법령의 위임 근거 유무에 따른 유효 여부를 심사하려면 법개정의 전·후에 걸쳐 모두 심사하여야만 그 법규명령의 시기에 따른 유효·무효를 판단할 수 있다(대법원 1995. 6. 30. 93추83).

2) 집행명령의 경우 근거 법령의 개정

집행명령도 상위법령이 폐지되면 특별한 규정이 없는 한 실효됨을 원칙으로 한다.

> **판례**
>
> 집행명령의 상위법령이 개정됨에 그친 경우에는 개정법령과 성질상 모순·저촉되지 아니하고 개정된 상위법령의 시행에 필요한 사항을 규정하고 있는 이상, 그 집행명령은 상위법령의 개정에도 불구하고 당연히 실효되지 아니하고 개정법령의 시행을 위한 집행명령이 제정, 발효될 때까지는 여전히 그 효력을 유지한다 (대법원 1989. 9. 12. 88누6962).

8. 법규명령에 대한 통제

1) 법원에 의한 통제

> **헌법 제107조** ① 법률이 헌법에 위반되는 여부가 재판의 전제가 된 경우에는 법원은 헌법재판소에 제청하여 그 심판에 의하여 재판한다.
> ② 명령·규칙 또는 처분이 헌법이나 법률에 위반되는 여부가 재판의 전제가 된 경우에는 대법원은 이를 최종적으로 심사할 권한을 가진다.

명령이나 규칙이 헌법이나 법률에 위반된다고 인정하는 경우 법원은 그 명령이나 규칙을 당해 사건에 적용하는 것을 거부할 수 있을 뿐 그 명령이나 규칙의 무효를 선언할 수는 없다. 따라서 행정입법이 대법원에 의하여 위법하다는 판정이 있더라도 일반적으로 그 효력이 상실되는 것은 아니다.

행정소송에 대한 대법원판결에 의하여 명령·규칙이 헌법 또는 법률에 위반된다는 것이 확정된 경우에는 대법원은 지체 없이 그 사유를 행정안전부장관에게 통보하여야 한다. 통보를 받은 행정안전부장관은 지체 없이 이를 관보에 게재하여야 한다.

> **판례**
>
> 법원이 법률 하위의 법규명령, 규칙, 조례, 행정규칙 등(이하 '규정'이라 한다)이 위헌·위법인지를 심사하려면 그것이 '재판의 전제'가 되어야 한다. 여기에서 '재판의 전제'란 구체적 사건이 법원에 계속 중이어야 하고, 위헌·위법인지가 문제 된 경우에는 규정의 특정 조항이 해당 소송사건의 재판에 적용되는 것이어야 하며, 그 조항이 위헌·위법인지에 따라 그 사건을 담당하는 법원이 다른 판단을 하게 되는 경우를 말한다. 따라서 법원이 구체적 규범통제를 통해 위헌·위법으로 선언할 심판대상은, 해당 규정의 전부가 불가분적으로 결합되어 있어 일부를 무효로 하는 경우 나머지 부분이 유지될 수 없는 결과를 가져오는 특별한 사정이 없는 한, 원칙적으로 해당 규정 중 재판의 전제성이 인정되는 조항에 한정된다(대법원 2019. 6. 13. 2017두33985).

2) 헌법재판소에 의한 통제

명령·규칙이 집행행위의 매개 없이 직접 기본권을 침해할 때는 헌법소원심판의 대상이 될 수 있다. 행정입법에 대한 헌법재판소의 인용결정은 당해 사건에 적용이 거부됨에 그치는 것이 아니라 효력 자체가 상실되는 일반적 효력이다.

3) 국회에 의한 직접적 통제

> **국회법 제98조의2【대통령령 등의 제출 등】** ① 중앙행정기관의 장은 법률에서 위임한 사항이나 법률을 집행하기 위하여 필요한 사항을 규정한 대통령령·총리령·부령·훈령·예규·고시 등이 제정·개정 또는 폐지되었을 때에는 10일 이내에 이를 국회 소관 상임위원회에 제출하여야 한다. 다만, 대통령령의 경우에는 입법예고를 할 때(입법예고를 생략하는 경우에는 법제처장에게 심사를 요청할 때를 말한다)에도 그 입법예고안을 10일 이내에 제출하여야 한다.

9. 행정부입법부작위

행정소송법은 부작위위법확인소송을 규정하고 있으나, 이때의 부작위는 처분의 부작위를 의미하며, 행정입법부작위는 포함되지 않는다. 즉 행정입법부작위는 항고소송의 대상이 아니다.

03 행정규칙

1. 의의

행정조직 내부에서 상급행정기관이 하급행정기관에 대하여 그 조직이나 업무처리의 절차·기준 등에 관하여 발하는 일반적·추상적 규정을 말한다.

2. 효력(구속력)

1) 원칙

행정규칙의 외부적 효력, 즉 대외적 구속력은 원칙적으로 인정되지 않는다. 따라서 처분이 행정규칙에서 정한 요건을 충족하지 않아도 조직 내부의 징계사유가 될 수 있을 뿐, 위법한 처분이 되는 것은 아니다.

2) 예외

(1) 재량권 행사의 준칙인 규칙이 그 정한 바에 따라 되풀이 시행되어 행정관행으로 성립하게 되면, 신뢰보호의 원칙이나 평등의 원칙 또는 자기구속의 원칙에 따라 간접적으로 대외적인 구속력을 가지게 된다.

(2) 법령보충적 행정규칙은 상위법령(근거 법령)과 결합하여 상위법령의 일부가 됨으로써 대외적 구속력이 발생한다.

3. 근거와 한계

1) 근거

행정규칙은 법규가 아니므로 법적 근거가 필요하지 않다. 상급기관은 감독권에 근거하여 하급기관에 대한 행정규칙을 발할 수 있다. 그러나 조직법적인 근거는 있어야 한다.

2) 한계

행정규칙은 국민의 권리·의무에 관한 사항을 새로이 규정할 수 없다.

▶ 처분의 요건을 완화하여 정한 것은 상위법령의 위임 없이 규정한 것이므로 이는 행정기관 내부의 사무 처리준칙을 정한 것이다(대법원 2013. 9. 12. 2011두10584).

▶ 노령수당의 지급대상자를 '70세 이상'으로 규정한 부분은 지급대상자를 부당하게 축소·조정하여 법령의 위임한계를 벗어난 것이어서 그 효력이 없다(대법원 1996. 4. 12. 95누7727).

4. 행정규칙에 대한 법원에 의한 통제

헌법 제107조 제2항이 규정하는 명령·규칙에 대한 위헌·위법 심사는 법규명령으로서의 규칙만을 의미하고 행정규칙은 제외된다.

5. 법규명령 형식의 행정규칙

판례는 처분기준이 부령의 형식으로 규정된 경우 원칙적으로 행정규칙으로 보며, 대통령령의 형식으로 규정된 경우 법규명령으로 보는 입장이다.

구 청소년보호법 제49조 제1항의 위임에 따른 같은 법 시행령 제40조 [별표 6]의 위반행위의 종별에 따른 과징금처분기준의 법적 성격은 법규명령이고 그 과징금 수액은 최고한도액을 의미한다(대법원 2001. 3. 9. 99두5207).

6. 행정규칙 형식의 법규명령(법령보충적 행정규칙)

고시·훈령 등의 행정규칙의 형식으로 되어 있으나 그 내용은 법규명령에 해당하는 것을 말한다. 이러한 법령보충적 행정규칙은 상위법령과 결합하여 대외적 구속력을 갖는다. 다만 법령보충적 행정규칙이 상위법령의 위임범위를 벗어난 경우에는 대외적 구속력이 없다. 이때 법령보충적 행정규칙은 어디까지나 형식은 행정규칙이므로 그 공포를 요하지는 않는다.

금융감독위원회의 고시와 같은 형식으로 입법위임을 할 때에는 적어도 행정규제기본법 제4조 제2항 단서에서 정한 바와 같이 법령이 전문적·기술적 사항이나 경미한 사항으로서 업무의 성질상 위임이 불가피한 사항에 한정된다 할 것이고, 그러한 사항이라 하더라도 포괄위임금지의 원칙상 법률의 위임은 반드시 구체적·개별적으로 한정된 사항에 대하여 행하여져야 한다(헌재 2004. 10. 28. 99헌바91).

법률행위적 행정행위 − 명령적 행정행위

1. 하명

일정한 행정목적을 위하여 행정청이 국민에게 작위(예 건물철거명령), 부작위(예 통행금지, 총포거래금지), 급부(예 납세고지), 수인(예 강제접종) 등의 의무를 명하는 행정행위이다.

2. 허가

1) 개념

법규에 의한 일반적·상대적 금지를 특정한 경우에 해제하여 자연적 자유를 회복시켜 주는 행정행위를 말한다.

2) 구별개념

구분	허가	예외적 허가
금지의 내용	예방적 금지(상대적 금지)의 해제	억제적 금지의 해제
재량성 여부	원칙적으로 기속행위	원칙적으로 재량행위
예	• 건축허가 • 일반음식점영업허가 • 자동차운전면허 • 의사면허, 한의사면허 • 통행금지해제, 입산금지해제 • 화약제조허가 • 기부금품 모집허가	• 개발제한구역 내의 건축허가 • 학교환경정화구역 내에서의 유흥음식점 허가 • 자연공원법 적용지역 내에서의 단란주점 영업허가 • 카지노업 허가 • 마약류취급자의 허가

3) 허가의 성질

원칙적으로 기속행위이다. 하지만 예외적으로 ① 법령에서 허가를 재량행위로 규정한 경우, ② 건축허가에 의해 의제되는 인·허가가 재량행위인 경우, ③ 토지형질변경행위를 수반하는 건축허가처럼 기속행위인 허가 속에 재량행위인 허가가 포함되는 경우, ④ 공익상 필요로 허가 여부에 대해 이익형량이 요구되는 경우에는 그 한도 내에서 재량행위가 된다.

판례

허가권자가 공익상 필요가 없음에도 불구하고 관계 법규에서 정하는 제한사유 이외의 사유를 들어 그 허가신청을 거부할 수 없다(대법원 1996. 7. 12. 96누5292).

4) 허가의 신청

허가는 상대방의 신청에 따라 행하여지는 것이 보통이나, 예외적으로 신청에 의하지 아니하는 허가도 있다(통행금지해제). 이때 신청과 다른 내용의 허가(수정허가)도 가능하다.

5) 허가의 상대방

신청을 전제로 하는 허가의 상대방은 특정인이 되고, 그렇지 않은 경우에는 불특정 다수인이 상대방이 될 수도 있다.

6) 허가의 효과

(1) 허가로 인한 독점적 이익의 성질

① 원칙적으로 반사적 이익으로 본다.
② 관계법에 거리제한규정이 존재함으로 인하여 상대적으로 '독점적 이익'을 누리는 경우 관계법의 규정이 개개인의 이익도 보호하려는 것으로 해석된다면, 그로 인한 독점적 이익은 법적으로 보호되는 이익으로 볼 수 있다.

판례

|| 반사적 이익으로 판시한 사례 ||

▶ 약사에게 한약조제권을 인정함으로써 한의사들의 감소된 영업상 이익은 반사적 이익에 해당한다(대법원 1998. 3. 10. 97누4289).

▶ 유기장영업허가로 누리는 영업상의 이익은 반사적 이익에 불과하다(대법원 1986. 11. 25. 84누147).

▶ 담배 일반소매인으로 지정되어 영업을 하고 있는 기존업자의 신규 구내소매인에 대한 이익은 사실상의 반사적 이익으로서 기존 업자가 신규 구내소매인 지정처분의 취소를 구할 원고 적격이 없다(대법원 2008. 4. 10. 2008두402).

|| 법률상 이익이 있다고 판시한 사례 ||

▶ 담배 일반소매인으로 지정되어 영업을 하고 있는 기존업자의 신규업자에 대한 이익이 '법률상 보호되는 이익'에 해당한다(대법원 2008. 3. 27. 2007두23811).

▶ 약종상영업이익은 '법률상 보호되는 이익'에 해당한다(대법원 1988. 6. 14. 87누873).

▶ 주류제조면허 이익은 '법률상 보호되는 이익'에 해당한다(대법원 1989. 12. 22. 89누46).

▶ 분뇨 등 관련 영업허가 이익은 '법률상 보호되는 이익'에 해당한다(대법원 2006. 7. 28. 2004두6716).

(2) 무허가 행위의 효과

강제집행이나 행정벌의 대상이 될 수는 있으나 영업의 사법상의 효력은 유효하다.

(3) 타법상의 제한

허가는 특정 법령상의 금지를 해제하여 주는 효과밖에 없으므로 특별한 규정이 없는 한 다른 법령상의 금지까지 해제하는 것은 아니다. 예컨대 공장건축허가를 받더라도 건축예정토지의 농지전용금지까지 해제하여 준 것은 아니다.

7) 허가의 양도와 지위승계

양도인에 대한 제재처분의 사유와 효과는 명문의 규정이 없다 하더라도 양수인에게 승계된다.

8) 허가의 존속기간

장기계속성이 예정되어 있는 허가에 붙은 기한이 그 허가된 사업의 성질상 부당하게 짧은 경우에는 그 기한을 허가 자체의 존속기한이 아니라 허가조건의 존속기한으로 보아야 한다. 유효기간이 경과하기 전에 당사자의 갱신신청이 있으면 조건의 개정을 고려할 수는 있으나, 허가기간은 연장해 주는 것이 원칙이다. 반면에 유효기간이 경과한 후에 당사자의 갱신신청이 있으면 주된 행정행위의 효력이 상실된 후에 신청한 경우이므로 기간의 연장신청이 아니라 새로운 허가신청으로 보아야 한다.

> **판례**
>
> 허가조건의 존속기간으로 보더라도 기존의 연장 기간을 포함한 존속기간 전체를 기준으로 보아 행정청은 더 이상의 기간연장을 불허가할 수 있다(대법원 2004. 3. 25. 2003두12837).

9) 인·허가의제 제도

인·허가의제 제도는 행정기관의 권한에 변경을 가져오는 것이므로 명시적인 법적 근거가 있어야 한다.

> **행정기본법**
> **제24조【인허가의제의 기준】** ① 이 절에서 "인허가의제"란 하나의 인허가(이하 "주된 인허가"라 한다)를 받으면 법률로 정하는 바에 따라 그와 관련된 여러 인허가(이하 "관련 인허가"라 한다)를 받은 것으로 보는 것을 말한다.
> ② 인허가의제를 받으려면 주된 인허가를 신청할 때 관련 인허가에 필요한 서류를 함께 제출하여야 한다. 다만, 불가피한 사유로 함께 제출할 수 없는 경우에는 주된 인허가 행정청이 별도로 정하는 기한 까지 제출할 수 있다.

③ 주된 인허가 행정청은 주된 인허가를 하기 전에 관련 인허가에 관하여 미리 관련 인허가 행정청과 협의하여야 한다.

④ 관련 인허가 행정청은 제3항에 따른 협의를 요청받으면 그 요청을 받은 날부터 20일 이내(제5항 단서에 따른 절차에 걸리는 기간은 제외한다)에 의견을 제출하여야 한다. 이 경우 전단에서 정한 기간(민원 처리 관련 법령에 따라 의견을 제출하여야 하는 기간을 연장한 경우에는 그 연장한 기간을 말한다) 내에 협의 여부에 관하여 의견을 제출하지 아니하면 협의가 된 것으로 본다.

⑤ 제3항에 따라 협의를 요청받은 관련 인허가 행정청은 해당 법령을 위반하여 협의에 응해서는 아니 된다. 다만, 관련 인허가에 필요한 심의, 의견 청취 등 절차에 관하여는 법률에 인허가의제 시에도 해당 절차를 거친다는 명시적인 규정이 있는 경우에만 이를 거친다.

제25조【인허가의제의 효과】 ① 제24조 제3항·제4항에 따라 협의가 된 사항에 대해서는 주된 인허가를 받았을 때 관련 인허가를 받은 것으로 본다.

② 인허가의제의 효과는 주된 인허가의 해당 법률에 규정된 관련 인허가에 한정된다.

판례

▶ 건축법에서 인·허가의제 제도를 둔 취지는, 그 창구를 단일화하고 절차를 간소화하며 비용과 시간을 절감함으로써 국민의 권익을 보호하려는 것이지, 관련 법률에 따른 각각의 인·허가 요건에 관한 일체의 심사를 배제하려는 것으로 보기는 어렵다. 따라서 인·허가의제 효과를 수반하는 건축신고는 일반적인 건축신고와는 달리, 특별한 사정이 없는 한 행정청이 그 실체적 요건에 관한 심사를 한 후 수리하여야 하는 이른바 '수리를 요하는 신고'로 보는 것이 옳다(대법원 2011. 1. 20. 2010두14954 전원합의체).

▶ 인허가의제 처리시 관계기관의 장과의 협의를 거쳐 승인을 한 이상, 별도로 관련 인허가에서 요구하는 절차를 거칠 필요는 없다(대법원 1992. 11. 10. 92누1162).

▶ 사업시행자가 인허가의제 처리를 신청할 의무는 없다(대법원 2020. 7. 23. 2019두31839).

▶ 인허가의제 처리시에는 관련 인허가의 요건을 고려하여 인허가 여부를 결정할 수 있다(대법원 2010. 9. 9. 2008두22631).

▶ 주된 인허가에 의해 의제되는 관련 인허가는 원칙적으로 주된 인허가를 시행하는 데 필요한 범위 내에서만 그 효력이 유지된다(대법원 2010. 4. 29. 2009두18547).

▶ 행정청이 주된 인허가를 불허하는 처분을 하면서 주된 인허가 사유와 의제되는 인허가 사유를 함께 제시한 경우에 주된 인허가에 대한 거부처분을 대상으로 소송을 제기하여야 한다(대법원 2001. 1. 16. 99두10988).

▶ 의제된 인허가에 하자가 있어 이해관계인이 위법함을 다투고자 하는 경우, 취소를 구할 대상은 의제된 인허가이다(대법원 2018. 11. 29. 2016두38792).

▶ 사업계획승인의 경우 의제된 인허가만 취소 내지 철회함으로써 사업계획에 대한 승인의 효력은 유지하면서 해당 의제된 인허가의 효력만을 소멸시킬 수 있다(대법원 2018. 7. 12. 2017두48734).

구분	쟁송 제기	쟁송 대상
인·허가가 의제되는 행위의 요건불비를 이유로 주된 인·허가에 대한 거부처분이 있는 경우	신청인	주된 인·허가에 대한 거부처분
인·허가가 의제되는 행위의 하자가 있음에도 주된 인·허가 신청이 수리된 경우	이해관계인	의제되는 인·허가

3. 면제

법령에 의해 일반적으로 부과되는 작위·급부·수인 등의 의무를 특정한 경우에 해제하는 행정행위를 의미한다(예 조세면제 등).

법률행위적 행정행위 ─ 형성적 행정행위

1. 특허

특정 상대방을 위하여 새로운 권리를 설정하는 행위, 능력을 설정하는 행위 및 법적 지위를 설정하는 행위를 말한다. 특허는 상대방에게 권리·능력 등 법률상의 힘을 발생시킨다. 따라서 양립할 수 없는 이중의 특허가 있게 되면 특별한 사정이 없는 한, 후행의 특허는 무효이다. 특허의 효과는 그것이 일신전속적인 것(⑩ 귀화허가)인 경우에는 이전성이 없으나, 대물적인 것인 경우에는 자유로이 또는 일정한 제한(행정청에의 신고 또는 그 승인)하에 이전될 수 있다.

권리 설정 행위	• 공기업특허(자동차운수사업, 전기공급사업, 도시가스공급사업, 보세구역의 설치·영업) • 공물사용권의 특허(도로점용허가, 하천점용허가, 공유수면점용허가) • 공유수면매립면허 • 광업허가, 어업면허 • 마을버스운송사업면허, 개인택시운송사업면허
능력 설정 행위	주택재건축조합설립인가, 공증인 인가·임명처분, 토지수용을 위한 사업인정
법적 지위 설정 행위	공무원임용, 귀화허가, 출입국관리법상 체류자격변경허가

✦ 허가·특허·인가 비교

구분	허가	특허	인가
성질	• 명령적 행위(금지해제행위) • 원칙적으로 기속행위	• 형성적 행위(설권행위) • 원칙적으로 재량행위	• 형성적 행위(보충적 행위) • 원칙적으로 재량행위
신청	신청 없이도 가능	신청을 요건으로 함	신청을 요건으로 함
효력	• 적법요건 • 무허가 행위 자체는 유효 • 강제집행 또는 처벌 등의 제재를 받음	• 유효요건 • 특허 없이 한 경우는 행위 자체가 무효	• 유효요건 • 인가 없이 한 경우는 행위 자체가 무효
상대	특정인, 불특정 다수인	특정인(신청인)	특정인(신청인)
수정	수정허가 가능	수정특허 원칙적 불허	수정인가 원칙적 불허

2. 인가

1) 개념

제3자의 법률행위를 보충하여 그 법률적 효과를 완성시켜 주는 행정행위이다.

인가의 예
- 재단법인의 정관변경허가
- 자동차정비조합설립인가
- 주택재건축사업시행인가
- 사립학교법인 이사취임승인처분
- 토지거래계약 허가

2) 인가의 효력

인가는 제3자의 법률행위에 동의함으로써 그 법률행위의 효력을 완성시키는 것이다. 따라서 인가를 받아야 될 행위를 인가를 받지 않고 한 행위는 무효이다.

3) 인가와 기본적 법률행위의 효력관계

(1) 인가의 보충성

인가는 제3자의 법률행위에 동의함으로써 그 법률행위의 효력을 완성시키는 보충적 행위에 그치고, 그 법률행위의 하자를 치유하는 효력이 있는 것은 아니다. 따라서 기본적 법률행위가 불성립 또는 무효인 경우는 인가가 있어도 그 법률행위가 유효로 되는 것은 아니며, 또한 유효하게 성립된 기본적 법률행위가 사후에 실효되면, 인가도 당연히 효력을 상실한다.

(2) 기본행위에 하자가 있으나 인가는 적법한 경우

① 기본행위가 불성립 또는 무효인 경우에 인가가 있었다 하더라도 그 기본행위가 유효로 되는 것은 아니며, 인가도 무효로 된다.
② 인가의 대상인 법률행위에 취소원인이 있는 경우, 인가 후에도 그 기본행위를 취소할 수 있다.

(3) 기본행위는 적법하나 인가에 하자가 있는 경우

기본행위는 적법하고 인가행위만 흠이 있을 때는 그 인가의 취소 또는 무효확인을 구할 법률상의 이익이 있다. 다만, 인가행위의 하자가 취소사유인 경우는 인가행위가 취소되기까지는 유효한 행위가 된다.

기본행위	인가	소송대상
하자	적법	기본행위
적법	하자	인가

(4) 주택재개발정비사업조합

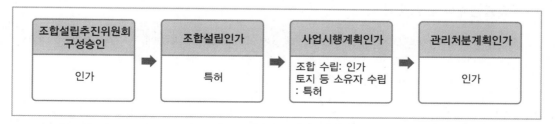

기본행위(하자)	인가(적법)	소송대상
조합설립결의	조합설립인가	인가(항고소송)
조합총회결의	관리처분계획인가	인가가 있은 후에는 항고소송, 인가가 있기 전에는 당사자소송

3. 대리

본인이 하여야 할 행위를 행정청이 대신하여 행하고, 그 행위가 본인이 행한 것과 같은 법적 효과를 발생하는 행정행위를 의미한다.

공법인의 정관작성, 감독청에 의한 공법인의 임원 임명, 조세체납절차로서의 공매처분, 토지 수용재결, 행려병사자의 유류품 매각 등이 있다.

준법률행위적 행정행위

1. 준법률행위적 행정행위

준법률행위적 행정행위는 법적 효과가 행정청의 의사와 무관하게 법규에 정해진 대로 발생한다.

2. 확인

1) 개념

특정한 사실 또는 법률관계에 관하여 의문이나 다툼이 있는 경우에 행정청이 공적 지위에서 판단하는 의사표시를 말한다.

> **핵심체크**
>
> **확인에 해당하는 경우**
> - 친일재산에 대한 조사위원회의 국가귀속결정
> - 민주화운동관련자 결정
> - 하천구역결정
> - 행정심판 재결
> - 준공검사처분
> - 국가시험합격자결정
> - 당선인결정
> - 장애등록결정
> - 병역법상의 신체검사
> - 발명특허
> - 국가유공자등록결정
> - 도로구역
> - 소득세부과를 위한 소득금액결정

2) 성질

확인은 기속행위이다. 따라서 원칙적으로 부관을 붙일 수 없다. 확인이 이루어진 후에는 불가변력이 발생한다.

3. 공증

1) 개념

특정 사실 또는 법률관계의 존부를 공적으로 증명하는 행정행위를 말한다. 공증은 의문이나 다툼이 없는 사항을 대상으로 하는 점에서 확인과 구별된다.

> **핵심체크**
>
> **공증에 해당하는 경우**
> - 당선증서 · 합격증서와 같은 각종 증명서 발급
> - 주민등록등초본 · 여권 · 인감증명서 발급
> - 의료유사업자 자격증 갱신발급
> - 각종 등록(외국인 등록, 차량등록, 주민등록)
> - 각종 등재(토지대장, 건축물대장, 임야대장, 선거인 명부)

2) 공증의 처분성 인정 여부

처분성 부정	처분성 긍정
• 임야대장 등재 · 등재사항 변경	• 지목변경신청 반려
• 인감증명행위	• 지적 소관청의 토지분할신청 거부
• 토지대장상 소유자명의변경신청의 거부	• 토지면적등록 정정신청 반려
• 토지대장상의 지번복구신청 거부	• 건축물대장의 용도변경신청 거부
• 지적공부 기재사항인 지적도 경계 정정요청 거부	• 건축물대장의 작성신청 거부
• 무허가건물관리대장 삭제행위	• 토지대장 직권 말소

4. 통지

행정청이 특정인 또는 불특정 다수인에게 특정 사실 또는 의사를 알리는 행위이다. 이는 준법률행위적 행정행위로서 이미 성립한 행정행위의 효력발생요건으로 교부나 송달과는 다른 그 자체가 독립한 행정행위이다.

> **핵심체크**
>
> **통지에 해당하는 경우**
> - 대집행의 계고, 대집행영장에 의한 통지
> - 대학교원의 임용기간만료의 통지
> - 조세체납자에 대한 독촉
> - 귀화고시
> - 토지수용에 있어서 사업인정고시

5. 수리

행정청이 타인의 행위를 유효한 행위로 받아들이는 행위를 말한다. 수리는 행정청이 타인의 행위를 유효한 것으로 수령하는 의사 작용이라는 점에서 단순한 사실행위인 도달이나 접수와는 다르다.

재량행위와 기속행위

1. 재량행위

재량에는 어떤 일을 할 것인가 말 것인가를 결정하는 결정재량과 복수의 행정행위 중 어느 것을 할 것인가를 선택하는 선택재량이 있다.

2. 기속행위

법이 어떤 요건하에서 어떤 행위를 할 것인가에 관해 확정적으로 규정하는 경우를 말한다.

판례

▶ **기속행위와 재량행위의 사법심사**

기속행위는 법원이 사실인정과 관련 법규의 해석·적용을 통하여 일정한 결론을 도출한 후 그 결론에 비추어 행정청이 한 판단의 적법 여부를 독자의 입장에서 판정하는 방식에 의하게 되나, 재량행위는 행정청의 재량에 기한 공익판단의 여지를 감안하여 법원은 독자의 결론을 도출함이 없이 당해 행위에 재량권의 일탈·남용이 있는지 여부만을 심사한다(대법원 2001. 2. 9. 98두17593).

3. 재량의 하자 - 재량의 일탈·남용

원칙적으로 재량이 그 범위 내에서 행사된 경우에는 당·부당의 문제는 있어도 위법의 문제는 발생하지 않는다. 그러나 재량의 일탈·남용이 있게 되면 이는 위법한 것이 되고 사법심사의 대상이 된다.

판례

▶ 징계사유에 해당하는 행위가 있더라도, 징계권자가 그에 대하여 징계처분을 할 것인지, 징계처분을 하면 어떠한 종류의 징계를 할 것인지는 징계권자의 재량에 맡겨져 있다고 할 것이나, 그 재량권의 행사가 징계권을 부여한 목적에 반하거나 비례의 원칙 또는 평등의 원칙에 위반한 경우에는, 그 징계처분은 재량권의 한계를 벗어난 것으로서 위법하다(대법원 2001. 8. 24. 2000두7704).

▶ 행정청이 제재처분 양정을 하면서 공익과 사익의 형량을 전혀 하지 않았거나 이익형량의 고려대상에 마땅히 포함하여야 할 사항을 누락한 경우 또는 이익형량을 하였으나 정당성·객관성이 결여된 경우에는 제재처분은 재량권을 일탈·남용한 것이라고 보아야 한다(대법원 2020. 6. 25. 2019두52980).

다단계 행정행위

구분	처분성	신뢰보호원칙	사례
확약	×	○	어업면허 우선순위결정
사전결정 (예비결정)	○	○	• 폐기물처리업에 대한 사전적정통보(구속력 ○) • 주택건설사업계획 승인(구속력 ×)
부분허가	○	○	원자로건설의 부지사전승인
가행정행위	○	×	직위해제처분

1. 예비결정(예비허가, 사전결정)

종국적인 행정행위에 앞서 개별적인 일부 요건에 대해 내려지는 종국적인 결정을 말한다.

2. 부분허가

사인이 요구하는 특정부분에 대해서만 승인하는 행위를 말한다.

3. 가행정행위

종국적인 행정행위가 있기 전에 행정법관계를 잠정적으로 규율하는 행정행위를 말한다.

4. 확약

> **행정절차법 제40조의2 【확약】** ① 법령등에서 당사자가 신청할 수 있는 처분을 규정하고 있는 경우 행정청은 당사자의 신청에 따라 장래에 어떤 처분을 하거나 하지 아니할 것을 내용으로 하는 의사표시(이하 "확약"이라 한다)를 할 수 있다.
> ② 확약은 문서로 하여야 한다.
> ③ 행정청은 다른 행정청과의 협의 등의 절차를 거쳐야 하는 처분에 대하여 확약을 하려는 경우에는 확약을 하기 전에 그 절차를 거쳐야 한다.
> ④ 행정청은 다음 각 호의 어느 하나에 해당하는 경우에는 확약에 기속되지 아니한다.
>   1. 확약을 한 후에 확약의 내용을 이행할 수 없을 정도로 법령등이나 사정이 변경된 경우
>   2. 확약이 위법한 경우
> ⑤ 행정청은 확약이 제4항 각 호의 어느 하나에 해당하여 확약을 이행할 수 없는 경우에는 지체 없이 당사자에게 그 사실을 통지하여야 한다.

1) 법적 성질

판례는 확약의 처분성을 부정한다. 따라서 확약은 공정력이나 불가쟁력이 발생하지 않는다.

> **판례**
>
> ▶ 어업권면허에 선행하는 우선순위결정은 행정청이 우선권자로 결정된 자의 신청이 있으면 어업권면허처분을 하겠다는 것을 약속하는 행위로서 강학상 확약에 불과하고 행정처분은 아니므로, 우선순위결정에 공정력이나 불가쟁력과 같은 효력은 인정되지 아니하며, 따라서 우선순위결정이 잘못되었다는 이유로 종전의 어업권면허처분이 취소되면 행정청은 종전의 우선순위결정을 무시하고 다시 우선순위를 결정한 다음 새로운 우선순위결정에 기하여 새로운 어업권면허를 할 수 있다(대법원 1995. 1. 20. 94누6529).
>
> ▶ 내인가의 취소는 인가신청을 거부하는 처분으로 본다(대법원 1991. 6. 28. 90누4402).

2) 구별개념

확약은 일방적 행위라는 점에서 복수당사자의 의사의 합치인 공법상 계약과는 구분된다. 또한 확약은 종국적 규율이 아니라는 점에서 종국적 규율을 하는 사전결정이나 부분허가와는 구분된다.

3) 확약의 주체

확약은 그 대상인 본 행정행위를 할 수 있는 권한을 가진 행정청이 그 권한의 범위 내에서 행하여야 한다.

행정행위의 부관

1. 부관의 의의

부관은 행정행위의 효과를 제한 또는 보충하기 위하여 주된 행위에 부가된 종된 규율을 의미한다.

2. 법정부관

법정부관이란 행정행위의 효과의 제한이 직접 법규에 규정되어 있는 것을 말한다. 그런데 법정부관은 부관이 아니므로 부관의 한계의 문제가 발생하지 않는다.

3. 부관의 특징

부관은 주된 행정행위와 불가분의 일체를 이루기 때문에 주된 행정행위에 의존하는 특징이 있다. 주된 행정행위의 효력이 없으면 부관도 효력이 발생하지 않는다.

4. 부관의 종류

1) 조건

행정행위의 효력의 발생 또는 소멸을 불확실한 장래의 사실에 의존하게 하는 부관을 말한다. 다만, 장래의 효력발생 여부가 행정청의 의사에 전적으로 좌우되는 경우는 여기서의 조건이 아니다.

2) 기한

행정행위의 효과의 발생 또는 소멸을 도래가 확실한 장래의 사실에 의존하게 하는 부관을 말한다. 기한은 도래가 확실하다는 점에서 조건과 구별된다.

3) 부담

(1) 개념

행정행위의 주된 내용에 부가하여 상대방에게 작위·부작위·급부·수인을 명하는 행정청의 의사표시로서, 다른 부관과 달리 그 자체가 독립된 하나의 행정행위로서의 성질을 갖는다.

(2) 조건과의 차이

조건은 조건의 성취 여부에 따라 행정행위의 효력이 발생(정지조건)하거나 소멸(해제조건)하나, 부담은 행정행위의 효력은 처음부터 발생하고, 부담을 이행하지 않더라도 행정행위의 효력이 소멸되는 것은 아니다. 따라서 내용상 조건인가 부담인가의 판정이 어려운 경우에는 원칙적으로 국민에게 유리한 부담으로 해석하여야 할 것이다.

구분	부담	조건
주된 행정행위의 효력	• 처음부터 완전한 효력발생 • 부담부 행정행위는 상대방이 의무를 이행하지 않은 경우에도 당연히 그 효력이 소멸되지는 않음 • 부담부 행정처분에 있어서 처분의 상대방이 부담(의무)을 이행하지 아니한 경우에 처분행정청으로서는 이를 들어 당해 처분을 취소(철회)할 수 있음	• 정지조건부 행정행위: 조건의 성취 여부가 정해지지 않은 동안에는 효력 불확정(예 주차시설완비를 조건으로 한 건축허가) • 해제조건부 행정행위: 조건성취에 의해 효력 상실(예 일정 기간 내에 공사에 착수하지 않으면 실효될 것을 조건으로 하는 공유수면매립면허)
강제집행	독립하여 강제집행의 대상이 됨	강제집행의 대상이 아님
쟁송	부담만의 독립쟁송 및 취소 가능	독립하여 취소소송의 대상이 되지 못하며 행정행위 자체가 대상

판례

수익적 행정처분에 있어서는 법령에 특별한 근거규정이 없다고 하더라도 그 부관으로서 부담을 붙일 수 있고, 그와 같은 부담은 행정청이 행정처분을 하면서 일방적으로 부가할 수도 있지만 부담을 부가하기 이전에 상대방과 협의하여 부담의 내용을 협약의 형식으로 미리 정한 다음 행정처분을 하면서 이를 부가할 수도 있다. 행정청이 수익적 행정처분을 하면서 부가한 부담의 위법 여부는 처분 당시 법령을 기준으로 판단하여야 하고, 부담이 처분 당시 법령을 기준으로 적법하다면 처분 후 부담의 전제가 된 주된 행정처분의 근거 법령이 개정됨으로써 행정청이 더 이상 부관을 붙일 수 없게 되었다 하더라도 곧바로 위법하게 되거나 그 효력이 소멸하게 되는 것은 아니다.
고속국도 관리청이 고속도로 부지와 접도구역에 송유관 매설을 허가하면서 상대방과 체결한 협약에 따라 송유관 시설을 이전하게 될 경우 그 비용을 상대방에게 부담하도록 하였고, 그 후 도로법 시행규칙이 개정되어 접도구역에는 관리청의 허가 없이도 송유관을 매설할 수 있게 된 사안에서, 위 협약이 효력을 상실하지 않을 뿐만 아니라 위 협약에 포함된 부관이 부당결부금지의 원칙에도 반하지 않는다(대법원 2009. 2. 12. 2005다65500).

4) 철회권의 유보

행정행위의 주된 내용에 부가하여 일정한 경우에 당해 행위를 철회할 수 있는 권한을 유보하는 행정청의 의사표시를 말한다. 철회권의 유보는 유보된 사실이 발생해도 별도의 철회의 의사표시가 있어야 효력이 소멸한다(해제조건과의 차이).

5) 수정부담

수정부담은 신청인의 신청에 대한 허가를 거부하고, 신청이 있는 것을 전제로 하여 새로운 허가를 하는 것이므로 실질적으로 부담이 아니라 수정허가(독립한 행정행위)에 해당한다.

6) 법률효과의 일부배제

행정행위의 주된 내용에 부가하여 그 법적 효과 발생의 일부를 배제하는 행정청의 의사표시를 말한다. 법률효과의 일부배제는 관계법령에 명시적 근거가 있는 경우에만 허용된다고 할 것이다.

> **핵심체크**
>
> **법률효과의 일부배제에 해당하는 경우**
> - 버스노선지정
> - 도로점용허가시 야간만 사용
> - 택시격일제 운행
> - 영업구역을 설정한 영업허가

5. 부관의 가능성

> **행정기본법 제17조 【부관】** ① 행정청은 처분에 재량이 있는 경우에는 부관(조건, 기한, 부담, 철회권의 유보 등을 말한다. 이하 이 조에서 같다)을 붙일 수 있다.
> ② 행정청은 처분에 재량이 없는 경우에는 법률에 근거가 있는 경우에 부관을 붙일 수 있다.

> **판례**
>
> ▶ 수익적 행정행위와 재량행위에 있어서는 법령상의 근거가 없다고 하더라도 부관을 붙일 수 있다(대법원 1997. 3. 14. 96누16698).
>
> ▶ 일반적으로 기속행위나 기속적 재량행위에는 부관을 붙일 수 없고 가사 부관을 붙였다 하더라도 무효이다(대법원 1995. 6. 13. 94다56883).

6. 부관의 한계

1) 사후부관의 문제(부관의 시간적 한계)

> **행정기본법 제17조【부관】** ③ 행정청은 부관을 붙일 수 있는 처분이 다음 각 호의 어느 하나에 해당하는 경우에는 그 처분을 한 후에도 부관을 새로 붙이거나 종전의 부관을 변경할 수 있다.
> 1. 법률에 근거가 있는 경우
> 2. 당사자의 동의가 있는 경우
> 3. 사정이 변경되어 부관을 새로 붙이거나 종전의 부관을 변경하지 아니하면 해당 처분의 목적을 달성할 수 없다고 인정되는 경우

2) 내용상 한계

> **행정기본법 제17조【부관】** ④ 부관은 다음 각 호의 요건에 적합하여야 한다.
> 1. 해당 처분의 목적에 위배되지 아니할 것
> 2. 해당 처분과 실질적인 관련이 있을 것
> 3. 해당 처분의 목적을 달성하기 위하여 필요한 최소한의 범위일 것

판례

▶ 공법상의 제한을 회피할 목적으로 행정처분의 상대방과 사이에 사법상 계약을 체결하는 형식으로 부관을 부과하였다면 이는 법치행정의 원리에 반하는 것으로서 위법하다(대법원 2009. 12. 10. 2007다63966).

▶ 행정소송에 관한 부제소특약의 부관의 효력은 무효이다(대법원 1998. 8. 21. 98두8919).

7. 부관의 하자와 행정행위의 효력

1) 무효인 부관이 붙은 행정행위의 효력

부관이 없었다면 주된 행정행위를 하지 않았을 정도로 양자의 관계가 밀접하고 부관이 본질적인 요소에 해당한다면 부관의 무효로 인한 주된 행정행위의 무효를 인정한다.

2) 취소할 수 있는 부관이 붙은 행정행위의 효력

취소가 확정되기까지는 유효한 부관부 행정행위로서의 효력을 가지며, 취소가 확정된 경우에는 부관이 무효인 경우와 동일하다.

3) 하자 있는 부관에 대한 쟁송

⑴ 쟁송대상

부관 그 자체만을 독립된 쟁송의 대상으로 할 수 없다. 다만, 부담의 경우에는 다른 부관과는 달리 부담 그 자체로서 행정쟁송의 대상이 될 수 있다.

⑵ 쟁송형태

부담에 대해서는 부담만을 소송의 대상으로 하는 일부취소소송(진정일부취소소송)이 가능하다. 부담 외의 부관에 대해서는 독립하여 다툴 수 없기 때문에 부관이 붙은 행정행위 전체를 소송의 대상으로 삼아서 부관만의 취소를 구하는 소(부진정일부취소소송)는 허용될 수 없고, 각하판결을 하여야 한다. 따라서 부관부 행정행위 전체의 취소를 구하든지, 아니면 먼저 행정청에 부관이 없는 처분으로 변경하여 줄 것을 청구한 다음 그것이 거부되면 그에 대한 거부처분 취소소송을 제기하여야 한다.

8. 부관의 하자와 부관의 이행으로 발생한 행위와의 관계

판례

▶ **부담의 이행으로서 하게 된 법률행위는 그 부담의 불가쟁력이 발생하여도 별도로 법률행위의 유효 여부를 판단한다.**

행정처분에 부담인 부관을 붙인 경우 부관의 무효화에 의하여 본체인 행정처분 자체의 효력에도 영향이 있게 될 수는 있지만, 그 처분을 받은 사람이 부담의 이행으로 사법상 매매 등의 법률행위를 한 경우에는 그 부관은 특별한 사정이 없는 한 법률행위를 하게 된 동기 내지 연유로 작용하였을 뿐이므로 이는 법률행위의 취소사유가 될 수 있음은 별론으로 하고 그 법률행위 자체를 당연히 무효화하는 것은 아니다. 또한, 행정처분에 붙은 부담인 부관이 제소기간의 도과로 확정되어 이미 불가쟁력이 생겼다면 그 하자가 중대하고 명백하여 당연 무효로 보아야 할 경우 외에는 누구나 그 효력을 부인할 수 없을 것이지만, 부담의 이행으로서 하게 된 사법상 매매 등의 법률행위는 부담을 붙인 행정처분과는 어디까지나 별개의 법률행위이므로 그 부담의 불가쟁력의 문제와는 별도로 법률행위가 사회질서 위반이나 강행규정에 위반되는지 여부 등을 따져보아 그 법률행위의 유효 여부를 판단하여야 한다(대법원 2009. 6. 25. 2006다18174).

▶ **부관에 하자가 있더라도 부관의 이행으로 발생한 행위는 유효하다.**

토지소유자가 토지형질변경행위허가에 붙은 기부채납의 부관에 따라 토지를 국가나 지방자치단체에 기부채납(증여)한 경우, 기부채납의 부관이 당연무효이거나 취소되지 아니한 이상 토지소유자는 위 부관으로 인하여 증여계약의 중요부분에 착오가 있음을 이유로 증여계약을 취소할 수 없다(대법원 1999. 5. 25. 98다53134).

행정행위의 효력

1. 행정행위의 효력발생요건 - 도달주의 원칙

판례

▶ 상대방에게 고지를 요하는 행정행위는 객관적으로 보아서 상대방이 양지(인식)할 수 있는 상태 하에 두는 방법으로 고지함으로써 비로소 그 효력이 발생한다(대법원 1976. 6. 8. 75누63).

▶ 불특정 다수인을 대상으로 고시 또는 공고에 의하여 행정처분을 하는 경우, 행정처분에 이해관계를 갖는 자가 고시 또는 공고가 있었다는 사실을 현실적으로 알았는지 여부에 관계없이 고시가 효력을 발생하는 날에 행정처분이 있음을 알았다고 보아야 한다(대법원 2001. 7. 27. 99두9490).

▶ 망인에 대한 서훈취소는 유족에 대한 것이 아니므로 유족에 대한 통지에 의해서만 성립하여 효력이 발생한다고 볼 수 없고, 그 결정이 처분권자의 의사에 따라 상당한 방법으로 대외적으로 표시됨으로써 행정행위로서 성립하여 효력이 발생한다(대법원 2014. 9. 26. 2013두2518).

2. 공정력

행정기본법 제15조【처분의 효력】 처분은 권한이 있는 기관이 취소 또는 철회하거나 기간의 경과 등으로 소멸되기 전까지는 유효한 것으로 통용된다. 다만, 무효인 처분은 처음부터 그 효력이 발생하지 아니한다.

1) 개념

공정력이란 행정행위의 하자가 당연무효인 경우를 제외하고는, 권한 있는 기관(처분청, 감독청, 행정심판위원회, 행정법원)에 의하여 취소되기까지는 상대방·이해관계인 및 다른 행정청뿐만 아니라 법원(민·형사법원)도 그 효력을 부인할 수 없다.
반면에 처분청의 경우에는 자신의 행정행위를 직권으로 취소할 수 있으므로 공정력에 구속되지 않는다.

2) 공정력과 선결문제

(1) 민사소송에서의 선결문제

① **행정행위의 위법성 여부가 선결문제인 경우(손해배상)** : 공정력은 단순한 절차적 효력에 불과할 뿐 그 행정행위를 실체적으로 적법하게 만드는 것은 아니므로, 민사법원은 선결문제로 행정행위의 위법성을 판단할 수 있다.

② **행정행위의 효력 유무가 선결문제인 경우(부당이득)** : 조세부과처분이 무효 또는 부존재
인 경우에는 민사법원이 직접 행정행위의 무효를 판단할 수 있다. 무효 또는 부존재인 행
정행위에는 공정력이 발생하지 않기 때문이다. 그러나 조세부과처분이 취소사유인 경우
공정력이 발생하므로 민사법원이 독자적으로 심리·판단하여 조세부과처분의 효력을 부
인하는 판결을 할 수 없다.

[판례]
▶ 부당이득반환청구가 인용되기 위해서는 그 처분이 취소되어야 한다(대법원 2007. 3. 16. 2006다83802).
▶ 부당이득반환청구가 인용되기 위해서는 그 처분의 취소가 확정되어야 하는 것은 아니다(대법원 2009. 4. 9. 2008두23153).

(2) 형사소송에서의 선결문제

① 형사사건에 있어서 행정행위의 위반이 범죄구성요건으로 되어 있는 경우 형사법원은 선결
문제로 범죄구성요건이 되는 행정행위의 위법성을 심사할 수 있다.

[판례]
시정명령이 위법하다면 시정명령위반죄가 성립하지 않는다(대법원 2017. 9. 21. 2017도7321).

② 행정행위가 무효 또는 부존재인 경우에는 형사법원이 직접 행정행위의 무효를 판단할 수
있다. 그러나 행정행위가 취소사유인 경우 공정력이 발생하므로 형사법원이 독자적으로
심리·판단하여 행정행위의 효력을 부인하는 판결을 할 수 없다.

[판례]
▶ 일단 수입 면허를 받고 물품을 통관한 경우 무면허수입죄가 성립될 수 없다(대법원 1989. 3. 28. 89도149).
▶ 부정한 수단으로 운전면허를 받은 경우에도 운전면허가 취소되지 않는 한 그 운전행위는 무면허운전이
라고 할 수 없다(대법원 1982. 6. 8. 80도2646).

3. 불가쟁력(형식적 존속력) - 행정행위의 상대방에게 발생하는 효력

1) 개념

행정행위의 상대방 또는 이해관계인이 더 이상 그 효력을 다툴 수 없게 되는 힘을 말한다.

2) 성질

(1) 불가쟁력이 인정되는 행정행위는 취소사유인 경우에 국한된다. 무효인 행정행위는 제소기간 의 제한을 받지 않으므로 불가쟁력이 발생하지 않는다.

(2) 불가쟁력이 생긴 행정행위라도 위법성이 확인되면 국가배상법에 따른 배상청구가 가능하다. 불가쟁력이 발생하였다고 하여 위법성이 치유되어 적법하게 되는 것은 아니기 때문이다. 그러나 불가쟁력이 발생한 경우 취소사유가 있더라도 부당이득반환청구는 인정되지 않는다.

(3) 불가쟁력이 발생한 행정행위에 대하여는 변경신청권이 없다.

> **판례**
>
> 일반적으로 행정처분이나 행정심판 재결이 불복기간의 경과로 인하여 확정될 경우 그 확정력은, 그 처분으로 인하여 법률상 이익을 침해받은 자가 당해 처분이나 재결의 효력을 더 이상 다툴 수 없다는 의미일 뿐, 더 나아가 판결에 있어서와 같은 기판력이 인정되는 것은 아니어서 그 처분의 기초가 된 사실관계나 법률적 판단이 확정되고 당사자들이나 법원이 이에 기속되어 모순되는 주장이나 판단을 할 수 없게 되는 것은 아니다(대법원 2004. 7. 8. 2002두11288).

3) 재심사 신청

행정기본법 제37조【처분의 재심사】 ① 당사자는 처분(제재처분 및 행정상 강제는 제외한다. 이하 이 조에서 같다)이 행정심판, 행정소송 및 그 밖의 쟁송을 통하여 다툴 수 없게 된 경우(법원의 확정판결이 있는 경우는 제외한다)라도 다음 각 호의 어느 하나에 해당하는 경우에는 해당 처분을 한 행정청에 처분을 취소·철회하거나 변경하여 줄 것을 신청할 수 있다.
   1. 처분의 근거가 된 사실관계 또는 법률관계가 추후에 당사자에게 유리하게 바뀐 경우
   2. 당사자에게 유리한 결정을 가져다주었을 새로운 증거가 있는 경우
   3. 「민사소송법」 제451조에 따른 재심사유에 준하는 사유가 발생한 경우 등 대통령령으로 정하는 경우
③ 제1항에 따른 신청은 당사자가 제1항 각 호의 사유를 안 날부터 60일 이내에 하여야 한다. 다만, 처분이 있은 날부터 5년이 지나면 신청할 수 없다.

4) 직권취소의 가부

불가쟁력이 생긴 행정행위라도 위법성이 확인되었을 때 행정청이 직권으로 취소할 수 있다.

4. 불가변력(실질적 존속력) - 행정주체에 대하여 발생하는 효력

특정 행정행위에 있어 행정청 자신도 직권으로 자유로이 취소 또는 철회할 수 없는 힘을 말한다. 이는 당사자의 법적 안정성을 도모하는 데 의의가 있다.

불가변력은 모든 행정행위에 적용되는 것이 아니라, 예외적으로 특별한 경우에만 인정된다. 행정심판의 재결과 같은 준사법적 법률행위, 수익적 행정행위, 법률의 규정이 있는 경우 등에 인정된다.

무효인 행정행위에 불가변력이 발생하지 않음은 당연하다. 침익적·부담적 행위에도 불가변력이 발생하기는 어렵다.

구분	불가쟁력	불가변력
성질	절차법적 효력, 형식적 존속력	실체법적 효력, 실질적 존속력
대상	행정행위의 상대방 및 이해관계인	처분청과 상급감독기관 등의 행정기관
목적	행정의 능률성, 법적 안정성	법적 안정성
사유	쟁송기간의 도과, 판결의 확정	예외적으로 특별한 경우
한계	무효인 행정행위에는 부정	무효인 행정행위에는 부정
범위	모든 행정행위	확인행위, 준사법적 행위 등 특정한 행정행위
관계	• 불가쟁력이 발생한 경우에도 불가변력이 발생하지 않은 한 행정청은 직권취소가 가능 • 불가변력이 발생한 경우에도 불가쟁력이 발생하지 않은 한 상대방은 쟁송제기가 가능	

5. 강제력

1) 자력집행력

행정행위에 의하여 부과된 의무를 상대방이 이행하지 않으면 행정청은 법원의 힘을 빌리지 않고 스스로 그 이행을 강제할 수 있는데, 이는 법률상의 근거가 필요하다. 행정대집행법과 국세징수법이 있다.

행정행위의 집행력은 모든 행정행위에 인정되는 것이 아니며 의무부과를 전제로 하는 하명행위에 한하여 문제된다. 따라서 형성적 행정행위에는 강제력이 문제되지 않는다.

2) 의무 위반에 대한 제재력

제재력은 행정행위에 의해 부과된 의무를 상대방이 위반한 경우에 그에 대해서 행정벌(행정형벌 또는 행정질서벌)을 부과할 수 있는 효력을 말한다. 제재력도 별도의 법적 근거가 있어야 한다.

행정행위의 하자

1. 하자의 판단시점

하자의 판단시점은 처분시를 기준으로 한다. 따라서 행정행위를 한 후에 그 근거가 된 사실관계나 법령이 변경됨으로써 당해 행정행위가 위법하게 된 경우에는 행정행위의 철회가 문제된다.

2. 무효와 취소의 구별

1) 무효

무효인 행정행위란 외관상으로는 행정행위로서 존재하나 처음부터 법적 효과를 전혀 발생하지 아니하는 행위를 말한다.

2) 취소

취소할 수 있는 행정행위란 그 성립에 흠이 있음에도 불구하고 일단 유효한 행위로 통용되어 다른 국가기관 또는 국민은 그에 기속되고, 행정쟁송 또는 직권에 의하여 취소됨으로써 비로소 그 효력을 상실하는 행위를 말한다.

3) 무효와 취소의 구별기준 – 중대 · 명백설

> **판례**
>
> 하자 있는 행정처분이 당연무효가 되기 위하여는 그 하자가 법규의 중요한 부분을 위반한 중대한 것으로서 객관적으로 명백한 것이어야 한다(대법원 2002. 2. 8. 2000두4057).

3. 무효와 취소의 구별실익

1) 행정소송

무효등확인소송에는 취소소송과 달리 행정심판전치주의와 제소기간의 제한이 적용되지 않는다.

2) 선결문제

민사소송 또는 형사소송에서 행정행위의 무효 여부가 선결문제로 된 경우, 그 수소법원은 스스로 당해 행위가 무효임을 판단할 수 있다.

3) 사정재결 · 사정판결

처분이 무효인 경우에는 유지시킬 유효한 행정행위가 처음부터 존재하지 않는다는 점을 근거로 사정재결 · 사정판결을 할 수 없다.

4) 하자의 치유 · 전환

하자의 치유는 취소할 수 있는 행정행위에만 인정된다. 한편, 하자 있는 행정행위의 전환은 무효인 행정행위에 인정된다.

4. 하자의 구체적 사유

1) 주체에 관한 하자

정당한 권한이 없는 경우, 즉 공무원 아닌 자의 행위 또는 공무원의 권한 외의 행위는 원칙적으로 무효이다.

2) 내용이 실현 불가능한 경우 - 무효

사자(死者) 또는 허무인(존재하지 않는 사람)을 대상으로 하는 각종 허가 또는 처분, 명백하게 권리 또는 의무가 없는 자에 대하여 권리를 부여하거나 의무를 명하는 경우(예 여자에 대한 징집영장의 발부, 조세완납자에 대한 체납처분, 과세대상이 되는 법률관계나 소득 또는 행위 등의 사실관계가 전혀 없는 사람에게 한 과세처분, 부동산을 양도한 사실이 없음에도 세무당국이 착오로 한 양도소득세 부과, 금치산선고를 받은 자에 대한 공무원임명, 국가시험에 불합격한 자에 대한 의사면허)에는 무효이다.

3) 내용이 불명확한 경우

행정행위의 내용이 사회통념상 인식할 수 없을 정도로 불명확하거나 확정되지 아니한 경우 (예 경계를 명확히 하지 않은 도로구역결정, 목적물을 특정하지 않은 귀속재산 임대처분, 이행의무의 내용을 구체적으로 특정하지 아니한 계고처분)에는 원칙적으로 무효이다.

4) 법령에 위반된 행위

(1) 처분 → 처분의 근거가 된 법령에 대한 위헌결정 → 취소사유

(2) 위헌결정 → 위헌결정된 법령에 근거한 처분 → 무효사유

5) 형식에 관한 하자

법령상 서면에 의하도록 되어 있는 행정행위를 서면에 의하지 않은 경우는 무효사유이다.

6) 공무원징계에 있어서의 의견진술 기회의 흠결 - 무효

국가공무원법 제13조【소청인의 진술권】 ① 소청심사위원회가 소청 사건을 심사할 때에는 대통령령등으로 정하는 바에 따라 소청인 또는 제76조 제1항 후단에 따른 대리인에게 진술 기회를 주어야 한다. ② 제1항에 따른 진술 기회를 주지 아니한 결정은 무효로 한다.

5. 하자의 승계(선행처분과 후행처분이 서로 결합하여 1개의 법률효과를 완성하는 경우)

1) 선행행위에는 당연무효가 아닌 취소사유가 존재하여야 한다.

2) 선행행위에는 불가쟁력이 발생하여야 한다.

3) 후행행위는 그 자체에 하자가 없어야 한다(적법).

4) 선행행위와 후행행위는 모두 항고소송의 대상이 되는 행정처분이어야 한다.

하자의 승계 인정	하자의 승계 부정
• 대집행에 있어서 계고 · 대집행영장통지 · 대집행실행 · 비용징수의 각 행위 사이 • 조세체납처분에 있어서 독촉 · 압류 · 매각 · 청산의 각 행위 사이	• 건물철거명령과 대집행행위 사이 • 조세부과처분과 체납처분
• 개별공시지가결정과 과세처분 • 표준지공시지가결정과 수용재결(보상금결정)	• 표준공시지가결정과 개별공시지가결정 • 표준공시지가결정과 과세처분 • 도시계획결정과 수용재결처분 • 사업인정처분과 재결처분 • 택지개발예정지구지정과 택지개발계획승인처분 • 도시계획시설변경 · 지적승인고시처분과 사업계획승인처분
• 친일반민족행위자 결정처분과 독립유공자법 적용배제자 결정처분 • 한지의사시험자격인정과 한지의사면허처분 • 안경사국가시험합격무효처분과 안경사면허취소처분	• 직위해제처분과 직권면직처분 • 보충역편입처분과 공익근무요원소집처분 • 액화석유가스판매사업허가처분과 사업개시신고반려처분

행정행위의 취소와 철회

1. 직권취소와 쟁송취소

구분	직권취소	쟁송취소
취소권자	행정청(처분청 또는 감독청)	행정심판위원회 또는 법원
취소의 목적	행정목적의 실현(공익우선)	국민의 권익구제(사익우선) + 행정작용의 위법성 시정
취소대상	• 부담적 행정행위: 가능 • 수익적 행정행위: 가능(제한) • 제3자효 행정행위: 가능(제한) • 불가변력이 발생한 행정행위: 불가능 • 불가쟁력이 발생한 행정행위: 가능	• 부담적 행정행위: 가능 • 수익적 행정행위: 불가능 • 제3자효 행정행위: 가능 • 불가변력이 발생한 행정행위: 가능 • 불가쟁력이 발생한 행정행위: 불가능
취소사유	위법·부당한 경우	• 위법한 경우(행정소송) • 위법·부당한 경우(행정심판)
내용	적극적 변경을 할 수 있음	• 행정심판: 적극적 변경 가능 • 행정소송: 소극적 변경(일부취소)만 가능
법적 근거	법적 근거 불요	행정심판법, 행정소송법
취소기간	기간의 제한이 없음, 단 실권의 법리에 의한 제한이 있음	쟁송기간의 제한이 있음
효과	• 부담적 행정행위: 소급효(원칙) • 수익적 행정행위: 장래효(원칙) • 불가쟁력 부정	• 소급효(원칙) • 불가쟁력 인정

2. 직권취소

행정기본법 제18조【위법 또는 부당한 처분의 취소】 ① 행정청은 위법 또는 부당한 처분의 전부나 일부를 소급하여 취소할 수 있다. 다만, 당사자의 신뢰를 보호할 가치가 있는 등 정당한 사유가 있는 경우에는 장래를 향하여 취소할 수 있다.
② 행정청은 제1항에 따라 당사자에게 권리나 이익을 부여하는 처분을 취소하려는 경우에는 취소로 인하여 당사자가 입게 될 불이익을 취소로 달성되는 공익과 비교·형량(衡量)하여야 한다. 다만, 다음 각 호의 어느 하나에 해당하는 경우에는 그러하지 아니하다.
 1. 거짓이나 그 밖의 부정한 방법으로 처분을 받은 경우
 2. 당사자가 처분의 위법성을 알고 있었거나 중대한 과실로 알지 못한 경우

1) 직권취소는 기본적으로 행정의 법률적합성원리와 신뢰보호원칙의 비교·형량에 따르는 제한을 받는다.

2) 부담적 행정행위의 취소는 상대방에게 이익이 되므로 자유롭게 취소할 수 있다.

3) 수익적 행정행위의 취소는 사익과 공익을 비교·형량하여 결정하여야 한다.

4) 직권취소를 할 수 있다는 사정만으로 이해관계인에게 처분청에 대하여 그 취소를 요구할 신청권이 부여된 것으로 볼 수는 없다(대법원 2006. 6. 30. 2004두701).

5) 직권취소는 취소기간의 제한이 없다. 따라서 해당 처분에 대한 취소소송이 진행 중이어도 처분청은 위법한 처분을 스스로 취소하고 그 하자를 보완하여 다시 적법한 처분을 할 수 있다. 다만, 취소권자가 상당한 장기간에 걸쳐 그 권한을 행사하지 아니한 결과, 장차 당해 행위는 취소되지 아니할 것이라는 신뢰가 형성된 경우에는 그 취소권은 상실된다(실권의 법리).

6) 불가변력이 발생한 행정행위는 직권취소를 할 수 없지만, 불가쟁력이 발생한 경우에는 직권취소가 가능하다.

7) 행위의 일부에만 취소사유가 있고 그 행위가 가분적일 때는 일부취소가 가능하다.

8) 처분에 대한 취소소송이 진행 중이라도 그 처분청은 위법한 처분을 스스로 취소할 수 있다.

9) 직권취소의 경우 부담적 행정행위에 대한 취소는 원칙적으로 소급효가 인정되고, 수익적 행정행위에 대한 취소는 장래에 대하여 효력이 발생한다. 다만 수익적 행정행위에 대한 취소의 경우에도 상대방에게 귀책사유가 있는 경우에는 소급효가 인정된다.

10) 운전면허취소처분을 받은 후 자동차를 운전하였으나 위 취소처분이 행정쟁송절차에 의하여 취소된 경우, 무면허운전은 성립하지 않는다(대법원 1999. 2. 5. 98도4239).

11) 지급결정을 변경 또는 취소하는 처분이 적법하다고 하여 그에 터 잡은 징수처분이 반드시 적법한 것은 아니다(대법원 2014. 7. 24. 2013두27159).

12) 수익적 행정행위의 취소의 취소에 있어서는 취소처분을 한 후 새로운 이해관계인이 생기기 전까지는 다시 직권취소하여 수익적 행정행위의 효력을 회복시킬 수 있다. 그러나 부담적 행정행위의 취소를 다시 직권취소하여 원행정처분을 소생시킬 수는 없다.

3. 행정행위의 철회

> **행정기본법 제19조【적법한 처분의 철회】** ① 행정청은 적법한 처분이 다음 각 호의 어느 하나에 해당하는 경우에는 그 처분의 전부 또는 일부를 장래를 향하여 철회할 수 있다.
> 1. 법률에서 정한 철회 사유에 해당하게 된 경우
> 2. 법령등의 변경이나 사정변경으로 처분을 더 이상 존속시킬 필요가 없게 된 경우
> 3. 중대한 공익을 위하여 필요한 경우
> ② 행정청은 제1항에 따라 처분을 철회하려는 경우에는 철회로 인하여 당사자가 입게 될 불이익을 철회로 달성되는 공익과 비교·형량하여야 한다.

1) 취소는 행정행위의 원시적 하자를 이유로 하는 데 비하여, 철회는 후발적 사유에 기하여 그 효력을 소멸시키는 것이다.

2) 취소는 처분청·감독청이 할 수 있으나, 철회는 처분청만이 할 수 있다.

3) 취소의 효과는 원칙적으로 소급하는 데 비하여, 철회는 장래에 향하여만 발생한다.

4) 부담적 행정행위의 철회는 상대방에게 이익이 되므로 법적 근거가 필요 없다.
수익적 행정행위인 경우에도 처분 당시에 그 행정처분에 별다른 하자가 없었고 또 그 처분 후에 이를 취소할 별도의 법적 근거가 없다 하더라도 원래의 처분을 그대로 존속시킬 필요가 없게 된 사정변경이 생겼거나 또한 중대한 공익상의 필요가 발생한 경우에는 별개의 행정행위로 이를 철회하거나 변경할 수 있다(대법원 1995. 6. 9. 95누1194).

행정지도

행정절차법
제48조 【행정지도의 원칙】 ① 행정지도는 그 목적 달성에 필요한 최소한도에 그쳐야 하며, 행정지도의 상대방의 의사에 반하여 부당하게 강요하여서는 아니 된다.
② 행정기관은 행정지도의 상대방이 행정지도에 따르지 아니하였다는 것을 이유로 불이익한 조치를 하여서는 아니 된다.
제49조 【행정지도의 방식】 ① 행정지도를 하는 자는 그 상대방에게 그 행정지도의 취지 및 내용과 신분을 밝혀야 한다.
② 행정지도가 말로 이루어지는 경우에 상대방이 제1항의 사항을 적은 서면의 교부를 요구하면 그 행정지도를 하는 자는 직무 수행에 특별한 지장이 없으면 이를 교부하여야 한다.
제50조 【의견제출】 행정지도의 상대방은 해당 행정지도의 방식·내용 등에 관하여 행정기관에 의견제출을 할 수 있다.
제51조 【다수인을 대상으로 하는 행정지도】 행정기관이 같은 행정목적을 실현하기 위하여 많은 상대방에게 행정지도를 하려는 경우에는 특별한 사정이 없으면 행정지도에 공통적인 내용이 되는 사항을 공표하여야 한다.

1. 의의

행정기관이 그 소관사무의 범위 안에서 일정한 행정목적을 실현하기 위하여 특정인에게 일정한 행위를 하거나 하지 아니하도록 지도·권고·조언 등을 하는 행정작용을 말한다.

2. 법적 성질

행정지도는 그 자체로는 아무런 법적 효과를 발생시키지 않는 비권력적 사실행위이다.

3. 한계

1) 행정지도는 상대방의 임의적 협력을 전제로 하므로 책임소재가 명확하지 않다.

2) 행정지도는 비권력적 사실행위로서 강제력이 없으므로 실효성 확보가 곤란하다.

3) 행정지도에 의하여 발생한 피해에 대하여 사후적인 구제수단이 마련되어 있지 않다.

4. 권리구제 수단

1) 행정쟁송 제기의 인정 여부

행정지도는 비권력적 사실행위로서 행정쟁송의 대상이 아니다. 다만, 행정지도의 형식이라 할지라도 사실상 강제력을 가지는 경우에는 처분성을 인정한다.

판례

▶ 행정규칙에 의한 '불문경고조치'는 처분에 해당한다(대법원 2002. 7. 26. 2001두3532).

▶ 국가인권위원회의 성희롱결정과 이에 따른 시정조치는 처분에 해당한다(대법원 2005. 7. 8. 2005두487).

▶ 공정거래위원회의 표준약관 사용권장행위는 처분에 해당한다(대법원 2010. 10. 14. 2008두23184).

2) 손해배상청구

직무행위의 범위는 권력적 작용뿐만 아니라 비권력적 공행정작용까지 포함하므로 행정지도는 직무행위에 해당한다. 그러나 위법한 행정지도에 따라 손해가 발생한 경우에도 행정지도는 비권력적 사실행위로서 임의성을 가지므로, 손해발생의 인과관계를 인정하기가 어렵다.

3) 헌법소원 제기 가능성

행정지도는 일반적으로 비권력적 사실행위의 성질을 가지므로 헌법소원의 대상인 공권력의 행사로 보기 어렵다. 다만, 예외적으로 헌법재판소는 행정지도의 일종이지만 규제적·구속적 성격이 강한 경우 헌법소원의 대상인 공권력의 행사에 해당한다고 판시한 바 있다.

판례

교육인적자원부장관의 학칙시정요구는 헌법소원의 대상이 되는 공권력 행사이다(헌재 2003. 6. 26. 2002헌마337).

Chapter 14 행정계획

1. 의의

장래의 일정한 시점에 있어서 특정한 행정목표를 실현할 것을 목적으로 하는 행정형식을 말한다.

2. 법적 성질

행정계획에는 일반적·추상적 성격을 지닌 행정계획이 있고, 개인의 권리 또는 의무를 개별적·구체적으로 규제하는 효과를 가져오는 처분성이 있는 행정계획이 있다.

처분성 긍정	처분성 부정
• 도시계획결정 • 택지개발촉진법상의 택지개발 예정지구지정과 택지개발사업시행자에 대한 택지개발계획 승인 • 재건축조합이 행정주체의 지위에서 수립하는 사업시행계획·관리처분계획 • 환지예정지 지정·환지처분 • 개발제한구역 지정처분	• 도시기본계획 • 택지개발사업시행자의 택지공급방법결정 • 환지계획 • 4대강 살리기 마스터플랜 • 94학년도 대학입학고사 주요 요강(공권력 행사로서 헌법소원의 대상 인정)

3. 절차

> **행정절차법 제40조의4【행정계획】** 행정청은 행정청이 수립하는 계획 중 국민의 권리·의무에 직접 영향을 미치는 계획을 수립하거나 변경·폐지할 때에는 관련된 여러 이익을 정당하게 형량하여야 한다.

판례

▶ 적법한 도시계획 변경절차를 거치지 않은 도시계획결정은 당연무효이다(대법원 2000. 3. 23. 99두11851).

▶ 환지계획 인가 후에 당초의 환지계획에 대한 공람과정에서 토지소유자 등 이해관계인이 제시한 의견에 따라 수정하고자 하는 내용에 대하여 다시 공람절차 등을 밟지 아니한 채 수정된 내용에 따라 한 환지예정지 지정처분은 환지계획에 따르지 아니한 것이거나 환지계획을 적법하게 변경하지 아니한 채 이루어진 것이어서 당연 무효라고 할 것이다(대법원 1999. 8. 20. 97누6889).

▶ 공청회를 거치지 아니하고 이주대책을 수집하지 아니한 도시계획결정은 취소사유에 해당한다(대법원 1990. 1. 23. 87누947).

▶ 폐기물처리시설의 입지선정위원회가 주민의 의견이 반영된 전문연구기관의 재조사결과에 관하여 새로이 공람·공고절차를 거치지 않고 입지를 선정한 경우, 그 입지선정은 위법하지 않다(대법원 2002. 5. 28. 2001 두8469).

4. 효력발생

적법한 권한을 가진 행정청이 수립한 행정계획은 공포(법령형식의 행정계획) 또는 고시(법령의 형식이 아닌 행정계획)가 있어야 효력이 발생한다.

판례

▶ 행정청은 이미 도시계획이 결정·고시된 지역에 대하여도 다른 도시계획을 결정·고시할 수 있고, 이 때에 후행 도시계획에 선행 도시계획과 서로 양립할 수 없는 내용이 포함되어 있다면, 특별한 사정이 없는 한 선행 도시계획은 후행 도시계획과 같은 내용으로 적법하게 변경되었다고 할 것이다(대법원 1997. 6. 24. 96누1313).

▶ 후행 도시계획의 결정을 하는 행정청이 선행 도시계획의 결정·변경 등에 관한 권한을 가지고 있지 아니한 경우, 선행 도시계획과 양립할 수 없는 내용이 포함된 후행 도시계획결정은 무효이다(대법원 2000. 9. 8. 99두11257).

5. 계획재량

행정계획이 법적 근거를 두고 있더라도, 행정계획 그 자체는 장래목표를 설정하는 기능을 담당하고 있기 때문에 매우 광범위한 재량이 인정된다.

판례

▶ 행정주체는 구체적인 행정계획을 입안·결정함에 있어서 비교적 광범위한 형성의 자유를 가지는 것이지만, 행정주체가 가지는 이와 같은 형성의 자유는 무제한적인 것이 아니라 그 행정계획에 관련되는 자들의 이익을 공익과 사익 사이에서는 물론이고 공익 상호간과 사익 상호간에도 정당하게 비교교량하여야 한다(대법원 2007. 4. 12. 2005두1893).

▶ 개발제한구역지정처분은 건설부장관이 법령의 범위 내에서 도시의 무질서한 확산 방지 등을 목적으로 도시정책상의 전문적·기술적 판단에 기초하여 행하는 일종의 행정계획으로서 그 입안·결정에 관하여 광범위한 형성의 자유를 가지는 계획재량처분이므로, 그 지정에 관련된 공익과 사익을 전혀 비교교량하지 아니하였거나 비교교량을 하였더라도 그 정당성과 객관성이 결여되어 비례의 원칙에 위반되었다고 볼 만한 사정이 없는 이상, 그 개발제한구역지정처분은 재량권을 일탈·남용한 위법한 것이라고 할 수 없다(대법원 1997. 6. 24. 96누1313).

6. 계획보장청구권

행정계획의 폐지, 변경 및 그 내용의 불이행이 있는 경우에 당사자가 신뢰보호를 주장하면서 계획의 보장(계획존속청구권, 계획이행청구권, 경과조치청구권)을 청구할 수 없다.

7. 계획변경청구권

계획이 확정된 후에 상대방이 사정변경을 이유로 확정된 행정계획의 변경을 청구할 수 있는 권리를 말한다.

> **판례** ⁺

▮ 부정사례(원칙) ▮

▶ 장기성, 종합성이 요구되는 행정계획에 있어서 그 계획에 일단 확정된 후 어떤 사정의 변동이 있다 하여 지역주민에게 일일이 그 계획의 변경을 청구할 권리를 인정해 줄 수도 없는 것이므로 그 변경 거부행위를 항고소송의 대상이 되는 행정처분에 해당한다고 볼 수 없다(대법원 1994. 1. 28. 93누22029).

▮ 인정사례(예외) ▮

▶ 일정한 행정처분을 구하는 신청을 할 수 있는 법률상 지위에 있는 자의 국토이용계획변경신청을 거부하는 것이 실질적으로 당해 행정처분 자체를 거부하는 결과가 되는 경우에는 예외적으로 그 신청인에게 국토이용계획변경을 신청할 권리가 인정된다(대법원 2003. 9. 23. 2001두10936).

▶ 도시계획구역 내 토지 등을 소유하고 있는 주민으로서는 입안권자에게 도시계획입안을 요구할 수 있는 법규상 또는 조리상의 신청권이 있다(대법원 2004. 4. 28. 2003두1806).

▶ 문화재보호구역 내에 있는 토지소유자 등은 위 보호구역의 지정해제를 요구할 수 있는 신청권이 있다(대법원 2004. 4. 27. 2003두8821).

행정사
이준희 행정법

행정절차

행정절차법

1. 절차상 하자의 효력

1) 절차상의 하자가 있는 경우 효력에 대하여 명문의 규정이 없다.

2) 판례는 절차상 하자만을 이유로 행정행위의 취소를 구할 수 있다고 본다.

3) 하자의 치유는 법치주의 관점에서 원칙적으로 부정되지만, 행정행위의 무용한 반복을 피하고 당사자의 법적 안정성을 위해 국민의 권익침해가 없는 범위에서 구체적 사정에 따라 예외적으로 인정한다.

2. 구성

① 처분, ② 신고, ③ 확약, ④ 위반사실 등의 공표, ⑤ 행정계획, ⑥ 행정상 입법예고, ⑦ 행정예고, ⑧ 행정지도에 대한 내용으로 구성된다.
행정절차법은 대부분 절차에 관한 규정으로 이루어져 있으나, 실체적인 내용도 일부 포함되어 있다(신의성실, 신뢰보호 등).

3. 적용범위

제3조【적용범위】 ① 처분, 신고, 확약, 위반사실 등의 공표, 행정계획, 행정상 입법예고, 행정예고 및 행정지도의 절차(이하 "행정절차"라 한다)에 관하여 다른 법률에 특별한 규정이 있는 경우를 제외하고는 이 법에서 정하는 바에 따른다.
② 이 법은 다음 각 호의 어느 하나에 해당하는 사항에 대하여는 적용하지 아니한다.
 1. 국회 또는 지방의회의 의결을 거치거나 동의 또는 승인을 받아 행하는 사항
 2. 법원 또는 군사법원의 재판에 의하거나 그 집행으로 행하는 사항
 3. 헌법재판소의 심판을 거쳐 행하는 사항
 4. 각급 선거관리위원회의 의결을 거쳐 행하는 사항
 5. 감사원이 감사위원회의의 결정을 거쳐 행하는 사항
 6. 형사(刑事), 행형(行刑) 및 보안처분 관계 법령에 따라 행하는 사항
 7. 국가안전보장·국방·외교 또는 통일에 관한 사항 중 행정절차를 거칠 경우 국가의 중대한 이익을 현저히 해칠 우려가 있는 사항
 8. 심사청구, 해양안전심판, 조세심판, 특허심판, 행정심판, 그 밖의 불복절차에 따른 사항

9. 「병역법」에 따른 징집·소집, 외국인의 출입국·난민인정·귀화, 공무원 인사 관계 법령에 따른 징계와 그 밖의 처분, 이해 조정을 목적으로 하는 법령에 따른 알선·조정·중재(仲裁)·재정(裁定) 또는 그 밖의 처분 등 해당 행정작용의 성질상 행정절차를 거치기 곤란하거나 거칠 필요가 없다고 인정되는 사항과 행정절차에 준하는 절차를 거친 사항으로서 대통령령으로 정하는 사항

판례

▶ 직위해제 처분은 행정절차법의 규정이 별도로 적용되지 아니한다(대법원 2014. 5. 16. 2012두26180).

▶ 행정절차법 제3조 제2항, 같은법 시행령 제2조 제6호에 의하면 공정거래위원회의 의결·결정을 거쳐 행하는 사항에는 행정절차법의 적용이 제외되게 되어 있으므로, 설사 공정거래위원회의 시정조치 및 과징금 납부명령에 행정절차법 소정의 의견청취절차 생략사유가 존재한다고 하더라도, 공정거래위원회는 행정절차법을 적용하여 의견청취절차를 생략할 수는 없다(대법원 2001. 5. 8. 2000두10212).

4. 당사자 등

1) 의의

당사자 등이라 함은 행정청의 처분에 대하여 직접 그 상대가 되는 당사자와 행정청이 직권 또는 신청에 의하여 행정절차에 참여하게 한 이해관계인을 말한다.

2) 당사자 등의 자격

제9조【당사자등의 자격】 다음 각 호의 어느 하나에 해당하는 자는 행정절차에 있어서 당사자등이 될 수 있다.
1. 자연인
2. 법인, 법인 아닌 사단 또는 재단(이하 "법인등"이라 한다)
3. 그 밖에 다른 법령등에 의하여 권리·의무의 주체가 될 수 있는 자

판례

대리인으로 선임된 변호사는 당사자 등을 위하여 행정절차에 관한 모든 행위를 할 수 있다(대법원 2018. 3. 13. 2016두33339).

5. 송달 및 기간·기한의 특례

1) 송달 방법

제14조【송달】 ① 송달은 우편, 교부 또는 정보통신망 이용 등의 방법으로 하되, 송달받을 자(대표자 또는 대리인을 포함한다. 이하 같다)의 주소·거소(居所)·영업소·사무소 또는 전자우편주소(이하 "주소등"이라 한다)로 한다. 다만, 송달받을 자가 동의하는 경우에는 그를 만나는 장소에서 송달할 수 있다.
② 교부에 의한 송달은 수령확인서를 받고 문서를 교부함으로써 하며, 송달하는 장소에서 송달받을 자를 만나지 못한 경우에는 그 사무원·피용자(被傭者) 또는 동거인으로서 사리를 분별할 지능이 있는 사람(이하 이 조에서 "사무원등"이라 한다)에게 문서를 교부할 수 있다. 다만, 문서를 송달받을 자 또는 그 사무원등이 정당한 사유 없이 송달받기를 거부하는 때에는 그 사실을 수령확인서에 적고, 문서를 송달할 장소에 놓아둘 수 있다.
③ 정보통신망을 이용한 송달은 송달받을 자가 동의하는 경우에만 한다. 이 경우 송달받을 자는 송달받을 전자우편주소 등을 지정하여야 한다.
④ 다음 각 호의 어느 하나에 해당하는 경우에는 송달받을 자가 알기 쉽도록 관보, 공보, 게시판, 일간신문 중 하나 이상에 공고하고 인터넷에도 공고하여야 한다.
  1. 송달받을 자의 주소등을 통상적인 방법으로 확인할 수 없는 경우
  2. 송달이 불가능한 경우
⑤ 제4항에 따른 공고를 할 때에는 민감정보 및 고유식별정보 등 송달받을 자의 개인정보를 「개인정보 보호법」에 따라 보호하여야 한다.
⑥ 행정청은 송달하는 문서의 명칭, 송달받는 자의 성명 또는 명칭, 발송방법 및 발송 연월일을 확인할 수 있는 기록을 보존하여야 한다.

2) 송달의 효력발생

제15조【송달의 효력발생】 ① 송달은 다른 법령등에 특별한 규정이 있는 경우를 제외하고는 해당 문서가 송달받을 자에게 도달됨으로써 그 효력이 발생한다.
② 제14조 제3항에 따라 정보통신망을 이용하여 전자문서로 송달하는 경우에는 송달받을 자가 지정한 컴퓨터 등에 입력된 때에 도달된 것으로 본다.
③ 제14조 제4항의 경우에는 다른 법령등에 특별한 규정이 있는 경우를 제외하고는 공고일부터 14일이 지난 때에 그 효력이 발생한다. 다만, 긴급히 시행하여야 할 특별한 사유가 있어 효력발생시기를 달리 정하여 공고한 경우에는 그에 따른다.

6. 처분절차 일반

공통 절차(모든 처분에 적용)	불이익한 처분절차

① 처분기준의 설정과 공표
② 처분의 이유제시
③ 문서에 의한 처분방식
④ 오기나 오산에 의한 처분의 정정
⑤ 행정심판이나 소송에 관한 고지
	① 처분의 사전통지
	② 의견청취
	  ㉠ 의견제출
	  ㉡ 청문
	  ㉢ 공청회

7. 공통절차

1) 처분기준의 설정공표

제20조【처분기준의 설정·공표】 ① 행정청은 필요한 처분기준을 해당 처분의 성질에 비추어 되도록 구체적으로 정하여 공표하여야 한다. 처분기준을 변경하는 경우에도 또한 같다.
② 「행정기본법」 제24조에 따른 인허가의제의 경우 관련 인허가 행정청은 관련 인허가의 처분기준을 주된 인허가 행정청에 제출하여야 하고, 주된 인허가 행정청은 제출받은 관련 인허가의 처분기준을 통합하여 공표하여야 한다. 처분기준을 변경하는 경우에도 또한 같다.
③ 제1항에 따른 처분기준을 공표하는 것이 해당 처분의 성질상 현저히 곤란하거나 공공의 안전 또는 복리를 현저히 해치는 것으로 인정될 만한 상당한 이유가 있는 경우에는 처분기준을 공표하지 아니할 수 있다.
④ 당사자등은 공표된 처분기준이 명확하지 아니한 경우 해당 행정청에 그 해석 또는 설명을 요청할 수 있다. 이 경우 해당 행정청은 특별한 사정이 없으면 그 요청에 따라야 한다.

2) 처분의 이유제시

제23조【처분의 이유제시】 ① 행정청은 처분을 할 때에는 다음 각 호의 어느 하나에 해당하는 경우를 제외하고는 당사자에게 그 근거와 이유를 제시하여야 한다.
  1. 신청 내용을 모두 그대로 인정하는 처분인 경우
  2. 단순·반복적인 처분 또는 경미한 처분으로서 당사자가 그 이유를 명백히 알 수 있는 경우
  3. 긴급히 처분을 할 필요가 있는 경우
② 행정청은 제1항 제2호 및 제3호의 경우에 처분 후 당사자가 요청하는 경우에는 그 근거와 이유를 제시하여야 한다.

3) 처분의 방식

제24조【처분의 방식】 ① 행정청이 처분을 할 때에는 다른 법령등에 특별한 규정이 있는 경우를 제외하고는 문서로 하여야 하며, 다음 각 호의 어느 하나에 해당하는 경우에는 전자문서로 할 수 있다.
  1. 당사자등의 동의가 있는 경우
  2. 당사자가 전자문서로 처분을 신청한 경우

② 제1항에도 불구하고 공공의 안전 또는 복리를 위하여 긴급히 처분을 할 필요가 있거나 사안이 경미한 경우에는 말, 전화, 휴대전화를 이용한 문자 전송, 팩스 또는 전자우편 등 문서가 아닌 방법으로 처분을 할 수 있다. 이 경우 당사자가 요청하면 지체 없이 처분에 관한 문서를 주어야 한다.
③ 처분을 하는 문서에는 그 처분 행정청과 담당자의 소속·성명 및 연락처(전화번호, 팩스번호, 전자우편주소 등을 말한다)를 적어야 한다.

4) 처분의 고지

제26조【고지】 행정청이 처분을 할 때에는 당사자에게 그 처분에 관하여 행정심판 및 행정소송을 제기할 수 있는지 여부, 그 밖에 불복을 할 수 있는지 여부, 청구절차 및 청구기간, 그 밖에 필요한 사항을 알려야 한다.

판례

처분청이 고지의무를 이행하지 아니하였다고 하더라도 경우에 따라서는 행정심판의 제기기간이 연장될 수 있는 것에 그치고 이로 인하여 심판의 대상이 되는 행정처분에 어떤 하자가 수반된다고 할 수 없다(대법원 1987. 11. 24. 87누529).

8. 처분의 신청

제17조【처분의 신청】 ① 행정청에 처분을 구하는 신청은 문서로 하여야 한다. 다만, 다른 법령등에 특별한 규정이 있는 경우와 행정청이 미리 다른 방법을 정하여 공시한 경우에는 그러하지 아니하다.
② 제1항에 따라 처분을 신청할 때 전자문서로 하는 경우에는 행정청의 컴퓨터 등에 입력된 때에 신청한 것으로 본다.

9. 불이익처분의 절차

1) 처분의 사전통지

제21조【처분의 사전통지】 ① 행정청은 당사자에게 의무를 부과하거나 권익을 제한하는 처분을 하는 경우에는 미리 일정한 사항을 당사자등에게 통지하여야 한다.
② 행정청은 청문을 하려면 청문이 시작되는 날부터 10일 전까지 제1항 각 호의 사항을 당사자등에게 통지하여야 한다. 이 경우 제1항 제4호부터 제6호까지의 사항은 청문 주재자의 소속·직위 및 성명, 청문의 일시 및 장소, 청문에 응하지 아니하는 경우의 처리방법 등 청문에 필요한 사항으로 갈음한다.
③ 제1항 제6호에 따른 기한은 의견제출에 필요한 기간을 10일 이상으로 고려하여 정하여야 한다.

④ 다음 각 호의 어느 하나에 해당하는 경우에는 제1항에 따른 통지를 하지 아니할 수 있다.
1. 공공의 안전 또는 복리를 위하여 긴급히 처분을 할 필요가 있는 경우
2. 법령등에서 요구된 자격이 없거나 없어지게 되면 반드시 일정한 처분을 하여야 하는 경우에 그 자격이 없거나 없어지게 된 사실이 법원의 재판 등에 의하여 객관적으로 증명된 경우
3. 해당 처분의 성질상 의견청취가 현저히 곤란하거나 명백히 불필요하다고 인정될 만한 상당한 이유가 있는 경우

판례 ✦

▶ 특별한 사정이 없는 한, 신청에 대한 거부처분은 불이익한 처분이 아니므로 처분의 사전통지대상이 되지 않는다(대법원 2003. 11. 28. 2003두674).

▶ 영업자지위승계신고를 수리하는 처분은 종전의 영업자의 권익을 제한하는 처분이다(대법원 2003. 2. 14. 2001두7015).

2) 의견청취절차

제2조【정의】 이 법에서 사용하는 용어의 뜻은 다음과 같다.
5. "청문"이란 행정청이 어떠한 처분을 하기 전에 당사자등의 의견을 직접 듣고 증거를 조사하는 절차를 말한다.
6. "공청회"란 행정청이 공개적인 토론을 통하여 어떠한 행정작용에 대하여 당사자등, 전문지식과 경험을 가진 사람, 그 밖의 일반인으로부터 의견을 널리 수렴하는 절차를 말한다.
7. "의견제출"이란 행정청이 어떠한 행정작용을 하기 전에 당사자등이 의견을 제시하는 절차로서 청문이나 공청회에 해당하지 아니하는 절차를 말한다.

제22조【의견청취】 ① 행정청이 처분을 할 때 다음 각 호의 어느 하나에 해당하는 경우에는 청문을 한다.
1. 다른 법령등에서 청문을 하도록 규정하고 있는 경우
2. 행정청이 필요하다고 인정하는 경우
3. 다음 각 목의 처분을 하는 경우
　가. 인허가 등의 취소
　나. 신분·자격의 박탈
　다. 법인이나 조합 등의 설립허가의 취소
② 행정청이 처분을 할 때 다음 각 호의 어느 하나에 해당하는 경우에는 공청회를 개최한다.
1. 다른 법령등에서 공청회를 개최하도록 규정하고 있는 경우
2. 해당 처분의 영향이 광범위하여 널리 의견을 수렴할 필요가 있다고 행정청이 인정하는 경우
3. 국민생활에 큰 영향을 미치는 처분으로서 대통령령으로 정하는 처분에 대하여 대통령령으로 정하는 수 이상의 당사자등이 공청회 개최를 요구하는 경우
③ 행정청이 당사자에게 의무를 부과하거나 권익을 제한하는 처분을 할 때 제1항 또는 제2항의 경우 외에는 당사자등에게 의견제출의 기회를 주어야 한다.
④ 제1항부터 제3항까지의 규정에도 불구하고 제21조 제4항 각 호의 어느 하나에 해당하는 경우와 당사자가 의견진술의 기회를 포기한다는 뜻을 명백히 표시한 경우에는 의견청취를 하지 아니할 수 있다.

⑤ 행정청은 청문·공청회 또는 의견제출을 거쳤을 때에는 신속히 처분하여 해당 처분이 지연되지 아니하도록 하여야 한다.

제28조【청문 주재자】 ① 행정청은 소속 직원 또는 대통령령으로 정하는 자격을 가진 사람 중에서 청문 주재자를 공정하게 선정하여야 한다.

② 행정청은 다음 각 호의 어느 하나에 해당하는 처분을 하려는 경우에는 청문 주재자를 2명 이상으로 선정할 수 있다. 이 경우 선정된 청문 주재자 중 1명이 청문 주재자를 대표한다.

1. 다수 국민의 이해가 상충되는 처분
2. 다수 국민에게 불편이나 부담을 주는 처분
3. 그 밖에 전문적이고 공정한 청문을 위하여 행정청이 청문 주재자를 2명 이상으로 선정할 필요가 있다고 인정하는 처분

③ 행정청은 청문이 시작되는 날부터 7일 전까지 청문 주재자에게 청문과 관련한 필요한 자료를 미리 통지하여야 한다.

제30조【청문의 공개】 청문은 당사자가 공개를 신청하거나 청문 주재자가 필요하다고 인정하는 경우 공개할 수 있다. 다만, 공익 또는 제3자의 정당한 이익을 현저히 해칠 우려가 있는 경우에는 공개하여서는 아니 된다.

제32조【청문의 병합·분리】 행정청은 직권으로 또는 당사자의 신청에 따라 여러 개의 사안을 병합하거나 분리하여 청문을 할 수 있다.

제33조【증거조사】 ① 청문 주재자는 직권으로 또는 당사자의 신청에 따라 필요한 조사를 할 수 있으며, 당사자등이 주장하지 아니한 사실에 대하여도 조사할 수 있다.

제37조【문서의 열람 및 비밀유지】 ① 당사자등은 의견제출의 경우에는 처분의 사전 통지가 있는 날부터 의견제출기한까지, 청문의 경우에는 청문의 통지가 있는 날부터 청문이 끝날 때까지 행정청에 해당 사안의 조사결과에 관한 문서와 그 밖에 해당 처분과 관련되는 문서의 열람 또는 복사를 요청할 수 있다. 이 경우 행정청은 다른 법령에 따라 공개가 제한되는 경우를 제외하고는 그 요청을 거부할 수 없다.

제38조【공청회 개최의 알림】 행정청은 공청회를 개최하려는 경우에는 공청회 개최 14일 전까지 다음 각 호의 사항을 당사자등에게 통지하고 관보, 공보, 인터넷 홈페이지 또는 일간신문 등에 공고하는 등의 방법으로 널리 알려야 한다. 다만, 공청회 개최를 알린 후 예정대로 개최하지 못하여 새로 일시 및 장소 등을 정한 경우에는 공청회 개최 7일 전까지 알려야 한다.

제38조의2【온라인공청회】 ① 행정청은 제38조에 따른 공청회와 병행하여서만 정보통신망을 이용한 공청회(이하 "온라인공청회"라 한다)를 실시할 수 있다.

② 제1항에도 불구하고 다음 각 호의 어느 하나에 해당하는 경우에는 온라인공청회를 단독으로 개최할 수 있다.

1. 국민의 생명·신체·재산의 보호 등 국민의 안전 또는 권익보호 등의 이유로 제38조에 따른 공청회를 개최하기 어려운 경우
2. 제38조에 따른 공청회가 행정청이 책임질 수 없는 사유로 개최되지 못하거나 개최는 되었으나 정상적으로 진행되지 못하고 무산된 횟수가 3회 이상인 경우
3. 행정청이 널리 의견을 수렴하기 위하여 온라인공청회를 단독으로 개최할 필요가 있다고 인정하는 경우. 다만, 제22조 제2항 제1호 또는 제3호에 따라 공청회를 실시하는 경우는 제외한다.

판례

▶ '의견청취가 현저히 곤란하거나 명백히 불필요하다고 인정될 만한 상당한 이유가 있는지 여부'는 당해 행정처분의 성질에 비추어 판단하여야 하는 것이지, 청문통지서의 반송 여부, 청문통지의 방법 등에 의하여 판단할 것은 아니며, 또한 행정처분의 상대방이 통지된 청문일시에 불출석하였다는 이유만으로 행정청이 관계 법령상 그 실시가 요구되는 청문을 실시하지 아니한 채 침해적 행정처분을 할 수는 없을 것이므로, 행정처분의 상대방에 대한 청문통지서가 반송되었다거나, 행정처분의 상대방이 청문일시에 불출석하였다는 이유로 청문을 실시하지 아니하고 한 침해적 행정처분은 위법하다(대법원 2001. 4. 13. 2000두3337).

▶ 행정청과 당사자 사이에 의견청취절차 배제협약을 하였더라도 청문배제의 예외적인 사유가 아니다(대법원 2004. 7. 8. 2002두8350).

▶ 행정청이 의무를 부과하거나 권익을 제한하는 처분을 할 때 의견제출의 기회를 주어야 하는 '당사자'는 '행정청의 처분에 대하여 직접 그 상대가 되는 당사자'를 의미한다. 그런데 '고시'의 방법으로 불특정 다수인을 상대로 의무를 부과하거나 권익을 제한하는 처분은 성질상 의견제출의 기회를 주어야 하는 상대방을 특정할 수 없으므로, 이와 같은 처분에 있어서까지 구 행정절차법 제22조 제3항에 의하여 그 상대방에게 의견제출의 기회를 주어야 한다고 해석할 것은 아니다(대법원 2014. 10. 27. 2012두7745).

10. 행정상 입법예고

제41조 【행정상 입법예고】 ① 법령등을 제정·개정 또는 폐지(이하 "입법"이라 한다)하려는 경우에는 해당 입법안을 마련한 행정청은 이를 예고하여야 한다. 다만, 다음 각 호의 어느 하나에 해당하는 경우에는 예고를 하지 아니할 수 있다.
  1. 신속한 국민의 권리 보호 또는 예측 곤란한 특별한 사정의 발생 등으로 입법이 긴급을 요하는 경우
  2. 상위 법령등의 단순한 집행을 위한 경우
  3. 입법내용이 국민의 권리·의무 또는 일상생활과 관련이 없는 경우
  4. 단순한 표현·자구를 변경하는 경우 등 입법내용의 성질상 예고의 필요가 없거나 곤란하다고 판단되는 경우
  5. 예고함이 공공의 안전 또는 복리를 현저히 해칠 우려가 있는 경우
③ 법제처장은 입법예고를 하지 아니한 법령안의 심사 요청을 받은 경우에 입법예고를 하는 것이 적당하다고 판단할 때에는 해당 행정청에 입법예고를 권고하거나 직접 예고할 수 있다.
⑤ 입법예고의 기준·절차 등에 관하여 필요한 사항은 대통령령으로 정한다.

제42조 【예고방법】 ① 행정청은 입법안의 취지, 주요 내용 또는 전문(全文)을 다음 각 호의 구분에 따른 방법으로 공고하여야 하며, 추가로 인터넷, 신문 또는 방송 등을 통하여 공고할 수 있다.
  1. 법령의 입법안을 입법예고하는 경우 : 관보 및 법제처장이 구축·제공하는 정보시스템을 통한 공고
  2. 자치법규의 입법안을 입법예고하는 경우 : 공보를 통한 공고
② 행정청은 대통령령을 입법예고하는 경우 국회 소관 상임위원회에 이를 제출하여야 한다.
⑤ 행정청은 예고된 입법안의 전문에 대한 열람 또는 복사를 요청받았을 때에는 특별한 사유가 없으면 그 요청에 따라야 한다.

제43조 【예고기간】 입법예고기간은 예고할 때 정하되, 특별한 사정이 없으면 40일(자치법규는 20일) 이상으로 한다.

제44조 【의견제출 및 처리】 ① 누구든지 예고된 입법안에 대하여 의견을 제출할 수 있다.

11. 행정예고

제46조【행정예고】 ① 행정청은 정책, 제도 및 계획(이하 "정책등"이라 한다)을 수립·시행하거나 변경하려는 경우에는 이를 예고하여야 한다. 다만, 다음 각 호의 어느 하나에 해당하는 경우에는 예고를 하지 아니할 수 있다.

1. 신속하게 국민의 권리를 보호하여야 하거나 예측이 어려운 특별한 사정이 발생하는 등 긴급한 사유로 예고가 현저히 곤란한 경우
2. 법령등의 단순한 집행을 위한 경우
3. 정책등의 내용이 국민의 권리·의무 또는 일상생활과 관련이 없는 경우
4. 정책등의 예고가 공공의 안전 또는 복리를 현저히 해칠 우려가 상당한 경우

② 제1항에도 불구하고 법령등의 입법을 포함하는 행정예고는 입법예고로 갈음할 수 있다.

③ 행정예고기간은 예고 내용의 성격 등을 고려하여 정하되, 20일 이상으로 한다.

④ 제3항에도 불구하고 행정목적을 달성하기 위하여 긴급한 필요가 있는 경우에는 행정예고기간을 단축할 수 있다. 이 경우 단축된 행정예고기간은 10일 이상으로 한다.

공공기관의 정보공개에 관한 법률

1. 정보공개청구권의 법적 근거

정보공개청구권이란 사인이 공공기관에 대하여 정보를 제공해 줄 것을 요구할 수 있는 개인적 공권이다. 이는 헌법의 제21조에서 직접 파생하는 구체적이고 현실적인 권리이므로, 이해관련성 유무를 불문하고 헌법상의 기본권으로 보장된다.

다만, 오로지 담당공무원을 괴롭힐 목적으로 행사하는 정보공개청구라면 정보공개를 거부할 수는 있다.

【판례】

정보공개 청구권자의 권리구제 가능성 등은 정보의 공개 여부 결정에 아무런 영향을 미치지 못한다(대법원 2017. 9. 7. 2017두44558).

2. 목적과 공공기관의 범위

제1조【목적】 이 법은 공공기관이 보유·관리하는 정보에 대한 국민의 공개 청구 및 공공기관의 공개 의무에 관하여 필요한 사항을 정함으로써 국민의 알권리를 보장하고 국정(國政)에 대한 국민의 참여와 국정 운영의 투명성을 확보함을 목적으로 한다.

제2조【정의】 이 법에서 사용하는 용어의 뜻은 다음과 같다.
  3. "공공기관"이란 다음 각 목의 기관을 말한다.
    가. 국가기관
      1) 국회, 법원, 헌법재판소, 중앙선거관리위원회
      2) 중앙행정기관(대통령 소속 기관과 국무총리 소속 기관을 포함한다) 및 그 소속 기관
      3) 「행정기관 소속 위원회의 설치·운영에 관한 법률」에 따른 위원회
    나. 지방자치단체
    다. 「공공기관의 운영에 관한 법률」 제2조에 따른 공공기관
    라. 「지방공기업법」에 따른 지방공사 및 지방공단
    마. 그 밖에 대통령령으로 정하는 기관
    → 한국방송공사(○), 한국증권업협회(×)

제3조【정보공개의 원칙】 공공기관이 보유·관리하는 정보는 국민의 알권리 보장 등을 위하여 이 법에서 정하는 바에 따라 적극적으로 공개하여야 한다.

판례

▶ 공개대상 정보는 원칙적으로 공개를 청구하는 자가 작성한 정보공개청구서의 기재내용에 의하여 특정되며, 그 정보를 공공기관이 보유·관리하고 있을 상당한 개연성이 있다는 점은 공개청구자가 입증하여야 한다. 다만 그 정보를 더 이상 보유·관리하고 있지 않다는 점에 대한 증명책임은 공공기관에 있다(대법원 2013. 1. 24. 2010두18918).

▶ 공공기관의 정보공개에 관한 법률상 공개청구의 대상이 되는 정보란 공공기관이 직무상 작성 또는 취득하여 현재 보유·관리하고 있는 문서에 한정되는 것이기는 하나, 그 문서가 반드시 원본일 필요는 없다(대법원 2006. 5. 25. 2006두3049).

▶ 교육의 공공성 및 공·사립학교의 동질성 등의 이유로 사립학교도 정보공개의무를 지는 공공기관이다(대법원 2006. 8. 24. 2004두2783).

▶ 형사재판확정기록의 공개에 관하여는 정보공개법에 의한 공개청구가 허용되지 아니한다(대법원 2016. 12. 15. 2013두20882).

3. 정보공개청구권자

제5조【정보공개청구권자】 ① 모든 국민은 정보의 공개를 청구할 권리를 가진다.
② 외국인의 정보공개청구에 관하여는 대통령령으로 정한다.

시행령 제3조【외국인의 정보공개청구】 법 제5조 제2항의 규정에 의하여 정보공개를 청구할 수 있는 외국인은 다음 각 호의 1에 해당하는 자이어야 한다.
　1. 국내에 일정한 주소를 두고 거주하거나 학술·연구를 위하여 일시적으로 체류하는 사람
　2. 국내에 사무소를 두고 있는 법인 또는 단체

판례

"모든 국민은 정보의 공개를 청구할 권리를 가진다."고 규정하고 있는데, 여기에서 말하는 국민에는 자연인은 물론 법인, 권리능력 없는 사단·재단도 포함되고, 법인, 권리능력 없는 사단·재단 등의 경우에는 설립목적을 불문하며, 한편 정보공개청구권은 법률상 보호되는 구체적인 권리이므로 청구인이 공공기관에 대하여 정보공개를 청구하였다가 거부처분을 받은 것 자체가 법률상 이익의 침해에 해당한다(대법원 2003. 12. 12. 2003두8050).

4. 비공개대상정보

> **제9조【비공개대상정보】** ① 공공기관이 보유·관리하는 정보는 공개 대상이 된다. 다만, 다음 각 호의 어느 하나에 해당하는 정보는 공개하지 아니할 수 있다.
>
> 1. 다른 법률 또는 법률에서 위임한 명령(국회규칙·대법원규칙·헌법재판소규칙·중앙선거관리위 원회규칙·대통령령 및 조례로 한정한다)에 따라 비밀이나 비공개 사항으로 규정된 정보
> 2. 국가안전보장·국방·통일·외교관계 등에 관한 사항으로서 공개될 경우 국가의 중대한 이익을 현저히 해칠 우려가 있다고 인정되는 정보
> 3. 공개될 경우 국민의 생명·신체 및 재산의 보호에 현저한 지장을 초래할 우려가 있다고 인정되는 정보
> 4. 진행 중인 재판에 관련된 정보와 범죄의 예방, 수사, 공소의 제기 및 유지, 형의 집행, 교정(矯正), 보안처분에 관한 사항으로서 공개될 경우 그 직무수행을 현저히 곤란하게 하거나 형사피고인의 공정한 재판을 받을 권리를 침해한다고 인정할 만한 상당한 이유가 있는 정보
> 5. 감사·감독·검사·시험·규제·입찰계약·기술개발·인사관리에 관한 사항이나 의사결정 과정 또는 내부검토 과정에 있는 사항 등으로서 공개될 경우 업무의 공정한 수행이나 연구·개발에 현 저한 지장을 초래한다고 인정할 만한 상당한 이유가 있는 정보. 다만, 의사결정 과정 또는 내부검토 과정을 이유로 비공개할 경우에는 제13조 제5항에 따라 통지를 할 때 의사결정 과정 또는 내부검토 과정의 단계 및 종료 예정일을 함께 안내하여야 하며, 의사결정 과정 및 내부검토 과정이 종료되면 제10조에 따른 청구인에게 이를 통지하여야 한다.
> 6. 해당 정보에 포함되어 있는 성명·주민등록번호 등 「개인정보 보호법」 제2조 제1호에 따른 개인 정보로서 공개될 경우 사생활의 비밀 또는 자유를 침해할 우려가 있다고 인정되는 정보
> 7. 법인·단체 또는 개인(이하 "법인등"이라 한다)의 경영상·영업상 비밀에 관한 사항으로서 공개될 경우 법인등의 정당한 이익을 현저히 해칠 우려가 있다고 인정되는 정보
> 8. 공개될 경우 부동산 투기, 매점매석 등으로 특정인에게 이익 또는 불이익을 줄 우려가 있다고 인 정되는 정보
>
> ② 공공기관은 제1항 각 호의 어느 하나에 해당하는 정보가 기간의 경과 등으로 인하여 비공개의 필요 성이 없어진 경우에는 그 정보를 공개 대상으로 하여야 한다.

판례

▶ 인터넷검색 등을 통하여 쉽게 알 수 있다는 사정만으로는 비공개결정이 정당화될 수 없다(대법원 2010. 12. 23. 2008두13101).

▶ 학교폭력대책자치위원회의 회의록은 비공개대상정보에 해당한다(대법원 2010. 6. 10. 2010두2913).

▶ 학교환경위생정화위원회의 회의록에 기재된 발언자의 인적사항에 해당하는 부분은 비공개대상에 해당 한다(대법원 2003. 8. 22. 2002두12946).

▶ '진행 중인 재판에 관련된 정보'에 해당한다는 사유로 정보공개를 거부하기 위하여는 반드시 그 정보가 진행 중인 재판의 소송기록 자체에 포함된 내용일 필요는 없다. 그러나 재판에 관련된 일체의 정보가 그에 해당하는 것은 아니고 진행 중인 재판의 심리 또는 재판결과에 구체적으로 영향을 미칠 위험이 있는 정보에 한정된다고 보는 것이 타당하다(대법원 2011. 11. 24. 2009두19021).

▶ 각각의 비공개사유는 기본적 사실관계의 동일성이 없다(대법원 2003. 12. 11. 2001두8827).

▶ 정보공개를 청구하는 자가 공공기관에 대해 정보의 사본 또는 출력물의 교부의 방법으로 공개방법을 선택하여 정보공개청구를 한 경우에 공개청구를 받은 공공기관으로서는 법 제8조 제2항에서 규정한 정보의 사본 또는 복제물의 교부를 제한할 수 있는 사유에 해당하지 않는 한 정보공개청구자가 선택한 공개방법에 따라 정보를 공개하여야 하므로 그 공개방법을 선택할 재량권이 없다(대법원 2003. 3. 11. 2002두2918).

▶ 법인등이 거래하는 금융기관의 계좌번호에 관한 정보는 법인등의 영업상 비밀에 관한 사항으로서 공개될 경우 법인등의 정당한 이익을 현저히 해할 우려가 있다고 인정되는 정보에 해당한다(대법원 2003. 4. 22. 2002두9391).

5. 정보공개 여부의 결정

제11조【정보공개 여부의 결정】 ① 공공기관은 제10조에 따라 정보공개의 청구를 받으면 그 청구를 받은 날부터 10일 이내에 공개 여부를 결정하여야 한다.
② 공공기관은 부득이한 사유로 제1항에 따른 기간 이내에 공개 여부를 결정할 수 없을 때에는 그 기간이 끝나는 날의 다음 날부터 기산(起算)하여 10일의 범위에서 공개 여부 결정기간을 연장할 수 있다. 이 경우 공공기관은 연장된 사실과 연장 사유를 청구인에게 지체 없이 문서로 통지하여야 한다.
③ 공공기관은 공개 청구된 공개 대상 정보의 전부 또는 일부가 제3자와 관련이 있다고 인정할 때에는 그 사실을 제3자에게 지체 없이 통지하여야 하며, 필요한 경우에는 그의 의견을 들을 수 있다.
⑤ 공공기관은 정보공개 청구가 다음 각 호의 어느 하나에 해당하는 경우로서 「민원 처리에 관한 법률」에 따른 민원으로 처리할 수 있는 경우에는 민원으로 처리할 수 있다.
  1. 공개 청구된 정보가 공공기관이 보유·관리하지 아니하는 정보인 경우
  2. 공개 청구의 내용이 진정·질의 등으로 이 법에 따른 정보공개 청구로 보기 어려운 경우
제11조의2【반복 청구 등의 처리】 ① 공공기관은 제11조에도 불구하고 제10조 제1항 및 제2항에 따른 정보공개 청구가 다음 각 호의 어느 하나에 해당하는 경우에는 정보공개 청구 대상 정보의 성격, 종전 청구와의 내용적 유사성·관련성, 종전 청구와 동일한 답변을 할 수밖에 없는 사정 등을 종합적으로 고려하여 해당 청구를 종결 처리할 수 있다. 이 경우 종결 처리 사실을 청구인에게 알려야 한다.
  1. 정보공개를 청구하여 정보공개 여부에 대한 결정의 통지를 받은 자가 정당한 사유 없이 해당 정보의 공개를 다시 청구하는 경우
  2. 정보공개 청구가 제11조 제5항에 따라 민원으로 처리되었으나 다시 같은 청구를 하는 경우

6. 정보공개 여부 결정의 통지

제13조【정보공개 여부 결정의 통지】 ① 공공기관은 제11조에 따라 정보의 공개를 결정한 경우에는 공개의 일시 및 장소 등을 분명히 밝혀 청구인에게 통지하여야 한다.
② 공공기관은 청구인이 사본 또는 복제물의 교부를 원하는 경우에는 이를 교부하여야 한다.
③ 공공기관은 공개 대상 정보의 양이 너무 많아 정상적인 업무수행에 현저한 지장을 초래할 우려가 있는 경우에는 해당 정보를 일정 기간별로 나누어 제공하거나 사본·복제물의 교부 또는 열람과 병행하여 제공할 수 있다.

④ 공공기관은 제1항에 따라 정보를 공개하는 경우에 그 정보의 원본이 더럽혀지거나 파손될 우려가 있거나 그 밖에 상당한 이유가 있다고 인정할 때에는 그 정보의 사본·복제물을 공개할 수 있다.
⑤ 공공기관은 제11조에 따라 정보의 비공개 결정을 한 경우에는 그 사실을 청구인에게 지체 없이 문서로 통지하여야 한다. 이 경우 제9조 제1항 각 호 중 어느 규정에 해당하는 비공개 대상 정보인지를 포함한 비공개 이유와 불복(不服)의 방법 및 절차를 구체적으로 밝혀야 한다.

7. 부분공개

제14조【부분공개】 공개 청구한 정보가 제9조 제1항 각 호의 어느 하나에 해당하는 부분과 공개 가능한 부분이 혼합되어 있는 경우로서 공개 청구의 취지에 어긋나지 아니하는 범위에서 두 부분을 분리할 수 있는 경우에는 제9조 제1항 각 호의 어느 하나에 해당하는 부분을 제외하고 공개하여야 한다.

판례

청구인이 신청한 공개방법 이외의 방법으로 공개하기로 하는 결정을 하였다면, 이는 정보공개청구 중 정보 공개방법에 관한 부분에 대하여 일부 거부처분을 한 것이다(대법원 2016. 11. 10. 2016두44674).

8. 불복 구제 절차

1) 이의신청

제18조【이의신청】 ① 청구인이 정보공개와 관련한 공공기관의 비공개 결정 또는 부분 공개 결정에 대하여 불복이 있거나 정보공개 청구 후 20일이 경과하도록 정보공개 결정이 없는 때에는 공공기관으로부터 정보공개 여부의 결정 통지를 받은 날 또는 정보공개 청구 후 20일이 경과한 날부터 30일 이내에 해당 공공기관에 문서로 이의신청을 할 수 있다.
② 국가기관등은 제1항에 따른 이의신청이 있는 경우에는 심의회를 개최하여야 한다. 다만, 다음 각 호의 어느 하나에 해당하는 경우에는 심의회를 개최하지 아니할 수 있으며 개최하지 아니하는 사유를 청구인에게 문서로 통지하여야 한다.
  1. 심의회의 심의를 이미 거친 사항
  2. 단순·반복적인 청구
  3. 법령에 따라 비밀로 규정된 정보에 대한 청구
③ 공공기관은 이의신청을 받은 날부터 7일 이내에 그 이의신청에 대하여 결정하고 그 결과를 청구인에게 지체 없이 문서로 통지하여야 한다. 다만, 부득이한 사유로 정하여진 기간 이내에 결정할 수 없을 때에는 그 기간이 끝나는 날의 다음 날부터 기산하여 7일의 범위에서 연장할 수 있으며, 연장 사유를 청구인에게 통지하여야 한다.
④ 공공기관은 이의신청을 각하(却下) 또는 기각(棄却)하는 결정을 한 경우에는 청구인에게 행정심판 또는 행정소송을 제기할 수 있다는 사실을 제3항에 따른 결과 통지와 함께 알려야 한다.

2) 행정심판

> **제19조【행정심판】** ① 청구인이 정보공개와 관련한 공공기관의 결정에 대하여 불복이 있거나 정보공개
> 청구 후 20일이 경과하도록 정보공개 결정이 없는 때에는 「행정심판법」에서 정하는 바에 따라 행정심
> 판을 청구할 수 있다. 이 경우 국가기관 및 지방자치단체 외의 공공기관의 결정에 대한 감독행정기관은
> 관계 중앙행정기관의 장 또는 지방자치단체의 장으로 한다.
> ② 청구인은 제18조에 따른 이의신청 절차를 거치지 아니하고 행정심판을 청구할 수 있다.

3) 행정소송

> **제20조【행정소송】** ① 청구인이 정보공개와 관련한 공공기관의 결정에 대하여 불복이 있거나 정보공개
> 청구 후 20일이 경과하도록 정보공개 결정이 없는 때에는 「행정소송법」에서 정하는 바에 따라 행정소
> 송을 제기할 수 있다.

4) 제3자의 불복절차

> **제21조【제3자의 비공개요청 등】** ① 제11조 제3항에 따라 공개 청구된 사실을 통지받은 제3자는 그
> 통지를 받은 날부터 3일 이내에 해당 공공기관에 대하여 자신과 관련된 정보를 공개하지 아니할 것을
> 요청할 수 있다.
> ② 제1항에 따른 비공개 요청에도 불구하고 공공기관이 공개 결정을 할 때에는 공개 결정 이유와 공개
> 실시일을 분명히 밝혀 지체 없이 문서로 통지하여야 하며, 제3자는 해당 공공기관에 문서로 이의신청을
> 하거나 행정심판 또는 행정소송을 제기할 수 있다. 이 경우 이의신청은 통지를 받은 날부터 7일 이내에
> 하여야 한다.
> ③ 공공기관은 제2항에 따른 공개 결정일과 공개 실시일 사이에 최소한 30일의 간격을 두어야 한다.

이준희 행정법

행정상 강제

의무를 명하는 법규와 강제집행은 별개의 행정작용이므로 의무를 명하는 법규와는 별도로 강제집행에 관한 법적 근거가 필요하다.

> **행정기본법 제30조【행정상 강제】** ① 행정청은 행정목적을 달성하기 위하여 필요한 경우에는 법률로 정하는 바에 따라 필요한 최소한의 범위에서 다음 각 호의 어느 하나에 해당하는 조치를 할 수 있다.
> 1. 행정대집행 : 의무자가 행정상 의무(법령등에서 직접 부과하거나 행정청이 법령등에 따라 부과한 의무를 말한다. 이하 이 절에서 같다)로서 타인이 대신하여 행할 수 있는 의무를 이행하지 아니하는 경우 법률로 정하는 다른 수단으로는 그 이행을 확보하기 곤란하고 그 불이행을 방치하면 공익을 크게 해칠 것으로 인정될 때에 행정청이 의무자가 하여야 할 행위를 스스로 하거나 제3자에게 하게 하고 그 비용을 의무자로부터 징수하는 것
> 2. 이행강제금의 부과 : 의무자가 행정상 의무를 이행하지 아니하는 경우 행정청이 적절한 이행기간을 부여하고, 그 기한까지 행정상 의무를 이행하지 아니하면 금전급부의무를 부과하는 것
> 3. 직접강제 : 의무자가 행정상 의무를 이행하지 아니하는 경우 행정청이 의무자의 신체나 재산에 실력을 행사하여 그 행정상 의무의 이행이 있었던 것과 같은 상태를 실현하는 것
> 4. 강제징수 : 의무자가 행정상 의무 중 금전급부의무를 이행하지 아니하는 경우 행정청이 의무자의 재산에 실력을 행사하여 그 행정상 의무가 실현된 것과 같은 상태를 실현하는 것
> 5. 즉시강제 : 현재의 급박한 행정상의 장해를 제거하기 위한 경우로서 다음 각 목의 어느 하나에 해당하는 경우에 행정청이 곧바로 국민의 신체 또는 재산에 실력을 행사하여 행정목적을 달성하는 것
>   가. 행정청이 미리 행정상 의무 이행을 명할 시간적 여유가 없는 경우
>   나. 그 성질상 행정상 의무의 이행을 명하는 것만으로는 행정목적 달성이 곤란한 경우

전통적 수단 (직접적 또는 간접적)	행정상 강제	행정상 강제집행(의무불이행을 전제로 한다)	행정대집행
			이행강제금
			직접강제
			강제징수
		행정상 즉시강제(의무불이행을 전제로 하지 않는다)	
	행정벌	행정형벌 : 형법상의 형벌	
		행정질서벌 : 질서위반행위규제법상의 과태료	
새로운 수단 (간접적)	금전적 제재	과징금, 가산세, 부과금	
	비금전적 제재	공급거부, 명단공표, 관허사업의 제한, 세무조사, 시정명령, 출국금지 등	

판례

행정대집행의 절차가 인정되는 경우에는 따로 민사상 강제집행은 허용할 수는 없다(대법원 2000. 5. 12. 99다18909).

행정대집행

행정대집행법

제2조【대집행과 그 비용징수】 법률(법률의 위임에 의한 명령, 지방자치단체의 조례를 포함한다. 이하 같다)에 의하여 직접명령되었거나 또는 법률에 의거한 행정청의 명령에 의한 행위로서 타인이 대신하여 행할 수 있는 행위를 의무자가 이행하지 아니하는 경우 다른 수단으로써 그 이행을 확보하기 곤란하고 또한 그 불이행을 방치함이 심히 공익을 해할 것으로 인정될 때에는 당해 행정청은 스스로 의무자가 하여야 할 행위를 하거나 또는 제삼자로 하여금 이를 하게 하여 그 비용을 의무자로부터 징수할 수 있다.

제3조【대집행의 절차】 ① 전조의 규정에 의한 처분(이하 대집행이라 한다)을 하려 함에 있어서는 상당한 이행기한을 정하여 그 기한까지 이행되지 아니할 때에는 대집행을 한다는 뜻을 미리 문서로써 계고하여야 한다. 이 경우 행정청은 상당한 이행기한을 정함에 있어 의무의 성질·내용 등을 고려하여 사회통념상 해당 의무를 이행하는 데 필요한 기간이 확보되도록 하여야 한다.

② 의무자가 전항의 계고를 받고 지정기한까지 그 의무를 이행하지 아니할 때에는 당해 행정청은 대집행영장으로써 대집행을 할 시기, 대집행을 시키기 위하여 파견하는 집행책임자의 성명과 대집행에 요하는 비용의 개산에 의한 견적액을 의무자에게 통지하여야 한다.

③ 비상시 또는 위험이 절박한 경우에 있어서 당해 행위의 급속한 실시를 요하여 전2항에 규정한 수속을 취할 여유가 없을 때에는 그 수속을 거치지 아니하고 대집행을 할 수 있다.

제4조【대집행의 실행 등】 ① 행정청(제2조에 따라 대집행을 실행하는 제3자를 포함한다. 이하 이 조에서 같다)은 해가 뜨기 전이나 해가 진 후에는 대집행을 하여서는 아니 된다. 다만, 다음 각 호의 어느 하나에 해당하는 경우에는 그러하지 아니하다.

1. 의무자가 동의한 경우
2. 해가 지기 전에 대집행을 착수한 경우
3. 해가 뜬 후부터 해가 지기 전까지 대집행을 하는 경우에는 대집행의 목적 달성이 불가능한 경우
4. 그 밖에 비상시 또는 위험이 절박한 경우

② 행정청은 대집행을 할 때 대집행 과정에서의 안전 확보를 위하여 필요하다고 인정하는 경우 현장에 긴급 의료장비나 시설을 갖추는 등 필요한 조치를 하여야 한다.

③ 대집행을 하기 위하여 현장에 파견되는 집행책임자는 그가 집행책임자라는 것을 표시한 증표를 휴대하여 대집행시에 이해관계인에게 제시하여야 한다.

제5조【비용납부명령서】 대집행에 요한 비용의 징수에 있어서는 실제에 요한 비용액과 그 납기일을 정하여 의무자에게 문서로써 그 납부를 명하여야 한다.

제6조【비용징수】 ① 대집행에 요한 비용은 국세징수법의 예에 의하여 징수할 수 있다.

② 대집행에 요한 비용에 대하여서는 행정청은 사무비의 소속에 따라 국세에 다음가는 순위의 선취득권을 가진다.

③ 대집행에 요한 비용을 징수하였을 때에는 그 징수금은 사무비의 소속에 따라 국고 또는 지방자치단체의 수입으로 한다.

제7조【행정심판】 대집행에 대하여는 행정심판을 제기할 수 있다.

1. 의의

대체적 작위의무를 그 의무자가 이행하지 않는 경우에 당해 행정청이 그 의무를 스스로 행하거나 제3자로 하여금 이를 행하게 하고, 그 비용을 의무자로부터 징수하는 행위를 말한다.

2. 대집행의 주체

대집행의 주체는 당해 행정청(처분청)이다. 그러나 대집행 실행행위는 제3자에 의해서도 가능하며, 이때 제3자는 사실상의 집행자로서 대집행을 하는 것에 불과하기 때문에 대집행의 주체는 아니다. 다만, 법령에 의해서 대집행권한을 위탁받은 경우 그 제3자는 대집행의 주체로서 행정주체에 해당한다.

판례

법령에 의해서 대집행권한을 위탁받은 한국토지공사는 행정주체에 해당한다(대법원 2010. 1. 28. 2007다 82950 · 82967).

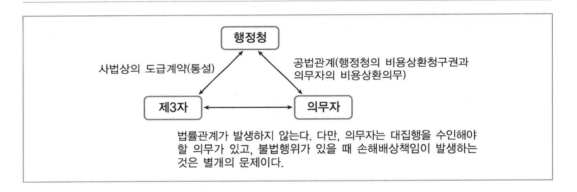

3. 대집행의 요건

1) 공법상 대체적 작위의무의 불이행이 있을 것

대집행의 대상이 되는 의무는 공법상의 의무에 한정하며, 타인이 대신하여 이행할 수 있는 행위인 대체적 작위의무여야 한다. 따라서 수인의무 또는 부작위의무 등은 대집행의 대상이 아니다. 또한 토지·건물 등의 인도·이전의무 또는 명도의무는 비대체적 작위의무에 해당하므로 대집행에 의한 강제는 할 수 없다.

2) 다른 수단으로는 그 이행확보가 곤란할 것

3) 의무의 불이행을 방치할 경우 심히 공익을 해할 것

4) 불가쟁력

불가쟁력의 발생은 대집행의 요건이 아니다. 따라서 불가쟁력이 발생하기 전에도 대집행이 가능하다.

판례

▶ 협의취득시 건물소유자가 매매대상 건물에 대한 철거의무를 부담하겠다는 취지의 약정은 대집행의 대상이 아니다(사법상 의무의 불이행은 대집행의 대상이 아니다)(대법원 2006. 10. 13. 2006두7096).

▶ 금지규정에서 작위의무 명령권이 당연히 도출되는 것이 아니며, 권한 없는 자의 원상복구명령에 따른 의무불이행을 이유로 한 계고처분은 무효이다(대법원 1996. 6. 28. 96누4374).

▶ 불법건축물로 인하여 도시미관이 월등히 좋아진 경우에도 그대로 방치한다면 불법건축물을 단속하는 당국의 권능을 무력화할 우려가 있는 경우에는 대집행계고가 적법하다(대법원 1988. 12. 13. 87누714).

▶ 행정청이 행정대집행의 방법으로 건물철거의무의 이행을 실현할 수 있는 경우에는 건물철거 대집행 과정에서 부수적으로 건물의 점유자들에 대한 퇴거 조치를 할 수 있다(대법원 2017. 4. 28. 2016다213916).

대집행의 대상이 될 수 없는 의무	비대체적 작위의무	① 의사의 진료의무, 전문가의 감정의무 ② 증인출석의무 ③ 국유지로부터의 퇴거의무 ④ 토지·건물의 명도나 인도의무
	부작위의무	① 출입금지구역에 출입하지 않을 의무 ② 야간통행금지의무 ③ 토지형질변경금지의무 ④ 야간에 소음을 내지 않을 의무 ⑤ 허가 없이 영업하지 아니할 의무 ⑥ 장례식장사용중지의무
	수인의무	신체검사, 예방접종, 건강진단을 받을 의무 등

4. 재량행위

대집행 요건이 충족된 경우에 행정청의 대집행 행사는 재량행위에 해당한다.

5. 절차

대집행은 대체적 작위의무 부과처분(철거명령 등)을 전제로 하여, 대집행의 계고 → 대집행 영장에 의한 통지 → 대집행실행 → 비용징수의 단계로 이루어진다.

6. 계고

1) 개념

의무이행을 최고함과 동시에 상당한 이행기간을 정하여 그 기한까지 이행되지 아니할 때는 대집행을 한다는 뜻을 미리 문서로 통지하는 것을 말한다.

2) 성질

계고는 준법률행위적 행정행위 중 통지에 해당한다. 따라서 위법한 계고에 대하여는 취소소송 등을 제기할 수 있다.

반복된 계고의 경우 제1차 계고만 처분성을 가진다. 제2차, 제3차 계고는 새로운 철거의무를 부과한 것이 아니고 대집행 기한의 연기 통지에 불과하다.

3) 방법

(1) 계고는 상당한 이행기간을 부여하여야 한다. 이행기간이 상당하지 않은 계고는 위법하다.

(2) 계고는 문서로 하여야 한다. 구두에 의한 계고는 무효이다.

(3) 의무 내용은 계고시에 특정되어야 한다. 계고의 내용은 계고서에 의하여만 특정되어야 하는 것은 아니고 그 처분 전후에 송달된 문서나 기타 사정을 종합하여 특정할 수 있으면 된다.

(4) 의무부과와 계고의 결합도 가능하다. 즉, 위법건축물에 대한 철거명령과 일정 기간 내에 철거하지 않으면 대집행하겠다는 계고를 동시에 하는 것이 가능하다. 이 경우에 철거명령에서 자진철거에 필요한 상당한 기간을 부여하였다면, 그 기간 속에 계고시 필요한 '상당한 이행기간'도 포함되어 있는 것으로 본다.

4) 계고의 생략

법률에 다른 규정이 있는 경우 또는 비상시 또는 위험이 절박한 경우에 있어서 당해 행위의 급속한 실시를 요하여 계고 통지 절차를 취할 여유가 없을 때에는 계고를 생략하고 대집행을 할 수 있다.

7. 대집행영장에 의한 통지

준법률적 행정행위로서의 통지이고 항고소송의 대상으로서의 처분성이 인정된다. 이때, 계고와 대집행영장에 의한 통지는 동시에 생략할 수 있다.

8. 대집행의 실행

권력적 사실행위이므로 처분성이 인정되어 항고소송을 제기할 수 있다.

9. 비용징수

대집행 비용은 의무자가 부담하고, 의무자에 대한 비용납부명령은 하명으로서 처분성이 인정되며, 항고소송의 대상이 된다.

의무자가 납부기일까지 납부하지 않을 때에는 국세징수법의 예에 의하여 강제징수한다.

10. 대집행에 대한 구제

1) 대집행의 각 단계는 모두 처분성이 긍정되므로 행정쟁송의 대상이 된다.

> **판례**
>
> 대집행의 실행이 완료된 경우에는 계고처분의 취소를 구할 법률상 이익은 없다(대법원 1993. 6. 8. 93누6164).

2) 대체적 작위의무 부과처분(⑩ 무허가건물철거명령 등)과 계고처분 사이에는 당연무효가 아닌 한 하자가 승계되지 않는다.

> **판례**
>
> ▶ 계고처분의 취소소송에서 그 선행행위인 행정청의 명령에 대한 위법은 주장할 수 없다(대법원 1975. 12. 9. 75누218).
>
> ▶ 철거명령이 당연무효라면 계고처분 역시 당연무효이다(대법원 1999. 4. 27. 97누6780).

3) 계고처분과 대집행영장통지, 실행, 비용납부명령 사이에는 하자가 승계된다.

이행강제금(집행벌)

1. 의의

의무자가 행정상 의무를 이행하지 아니하는 경우 행정청이 적절한 이행기간을 부여하고, 그 기한까지 행정상 의무를 이행하지 아니하면 금전급부의무를 부과하는 것을 말한다.

심리적 압박을 가하여 의무이행을 간접으로 강제함을 목적으로 하며, 이행이 없을 때에는 반복적으로 부과할 수 있다.

2. 성질

이행강제금의 부과는 행정행위 중 명령적 행정행위로서 하명이다. 그리고 이행강제금 납부의무는 상속인 등에게 승계될 수 없는 일신전속적인 성질을 가진다.

3. 대상

대체적 작위의무에 대집행을 하는 것이 사실상 불가능한 경우도 있기 때문에 대체적 작위의무에 대해서도 이행강제금을 부과할 수 있다.

판례

현행 건축법상 위법건축물에 대한 이행강제수단으로 대집행과 이행강제금(제83조 제1항)이 인정되고 있는데, 양 제도는 각각의 장·단점이 있으므로 행정청은 개별사건에 있어서 위반내용, 위반자의 시정의지 등을 감안하여 대집행과 이행강제금을 선택적으로 활용할 수 있다(헌재 2004. 2. 26. 2001헌바80).

4. 이행강제금과 행정벌의 비교

구분	이행강제금	행정벌
시간적 측면	장래에 대한 의무이행 확보수단	과거의 의무 위반에 대한 제재
반복부과	반복부과 가능(처벌이 아니므로 일사부재리원칙이 적용되지 않음)	반복부과 불가(일사부재리 원칙이 적용)
고의·과실	불요	필요
병과 가능성	이행강제금과 행정벌은 병과하여 부과할 수 있음(이중처벌이 아님)	

5. 이행강제금의 부과

판례⁺

▶ 시정명령을 이행할 수 있는 기회를 준 후가 아니면 이행강제금을 부과할 수 없다(대법원 2010. 6. 24. 2010두3978).

▶ 장기간 시정명령을 이행하지 아니하였더라도 시정명령의 이행 기회 제공을 전제로 한 1회분의 이행강제금만을 부과할 수 있고, 시정명령의 이행 기회가 제공되지 아니한 과거의 기간에 대한 이행강제금까지 한꺼번에 부과할 수는 없다(대법원 2016. 7. 14. 2015두46598).

6. 이행강제금에 대한 권리구제

이행강제금의 부과는 행정행위이므로 행정심판이나 행정소송을 제기할 수 있다. 다만, 개별법에서 이행강제금의 부과에 대하여 이의를 제기한 경우에는 비송사건절차법의 절차에 따르도록 규정하고 있는 경우(농지법)가 있다. 이러한 경우에는 이행강제금 부과는 행정심판이나 행정소송의 대상이 되는 처분이 아니다.

PART 04

직접강제와 즉시강제

1. 직접강제

의무자가 행정상 의무를 이행하지 아니하는 경우 행정청이 의무자의 신체나 재산에 실력을 행사하여 그 행정상 의무의 이행이 있었던 것과 같은 상태를 실현하는 것을 말한다(예 식품위생법상 시정명령을 위반한 자에 대한 영업소 폐쇄조치, 출입국관리법상 강제퇴거조치 등).

직접강제는 행정대집행이나 이행강제금 부과의 방법으로는 행정상 의무이행을 확보할 수 없거나 그 실현이 불가능한 경우에 실시하여야 한다.

2. 즉시강제

현재의 급박한 행정상의 장해를 제거하기 위하여 행정청이 미리 행정상 의무이행을 명할 시간적 여유가 없는 경우 또는 그 성질상 행정상 의무의 이행을 명하는 것만으로는 행정목적 달성이 곤란한 경우에 해당하여 행정청이 곧바로 국민의 신체 또는 재산에 실력을 행사하여 행정목적을 달성하는 것을 말한다.

즉시강제는 다른 수단으로는 행정목적을 달성할 수 없는 경우에만 허용되며, 이 경우에도 최소한으로만 실시하여야 한다. 또한 엄격한 실정법상의 근거가 필요하다.

강제징수

1. 의의

의무자가 행정상 의무 중 금전급부의무를 이행하지 아니하는 경우 행정청이 의무자의 재산에 실력을 행사하여 그 행정상 의무가 실현된 것과 같은 상태를 실현하는 것을 말한다.

2. 절차

독촉 → 재산 압류 → 압류재산의 매각 → 청산의 단계로 이루어진다.

독촉과 압류·매각·청산(강제징수)의 일련의 절차는 모두 결합하여 하나의 법률효과를 완성하는 관계이므로 하자의 승계가 인정된다. 그러나 조세부과처분에 하자가 있는 경우, 조세부과처분은 강제징수의 전제가 되는 단계이므로 조세부과처분의 하자는 당연무효가 아닌 한 독촉에 승계되지 않는다.

판례

▶ 체납자 아닌 제3자 소유물건에 대한 압류처분은 당연무효이다(대법원 1993. 4. 27. 92누12117).

▶ 위헌결정 이전에 택지초과소유부담금 부과처분 압류처분 및 이에 기한 압류등기가 이루어지고 위의 각 처분이 확정된 경우, 그 위헌결정 이후에 후속 체납처분절차를 진행할 수 없다(대법원 2002. 8. 23. 2001두2959).

▶ 체납자 등에게 공매통지를 하지 않았거나 적법하지 않은 공매통지를 한 경우 그 공매처분은 위법하다(당연무효는 아니다). 다만, 공매통지의 목적이나 취지 등에 비추어 보면, 체납자 등은 자신에 대한 공매통지의 하자만을 공매처분의 위법사유로 주장할 수 있을 뿐 다른 권리자에 대한 공매통지의 하자를 들어 공매처분의 위법사유로 주장하는 것은 허용되지 않는다(대법원 2008. 11. 20. 2007두18154 전원합의체).

3. 행정쟁송

강제징수에 불복하는 자는 행정쟁송절차에 따라 그 취소 또는 변경을 구할 수 있다. 현행 국세기본법에서는 이의신청절차를 규정하고 있으며, 심사청구와 심판청구 중 하나의 절차를 거쳐야 행정소송을 제기할 수 있도록 규정하고 있다(필수적 행정심판전치).

행정조사기본법

1. 행정조사의 개념

제2조【정의】이 법에서 사용하는 용어의 정의는 다음과 같다.
1. "행정조사"란 행정기관이 정책을 결정하거나 직무를 수행하는 데 필요한 정보나 자료를 수집하기 위하여 현장조사·문서열람·시료채취 등을 하거나 조사대상자에게 보고요구·자료제출요구 및 출석·진술요구를 행하는 활동을 말한다.

2. 기본원칙

제4조【행정조사의 기본원칙】① 행정조사는 조사목적을 달성하는 데 필요한 최소한의 범위 안에서 실시하여야 하며, 다른 목적 등을 위하여 조사권을 남용하여서는 아니 된다.
② 행정기관은 조사목적에 적합하도록 조사대상자를 선정하여 행정조사를 실시하여야 한다.
③ 행정기관은 유사하거나 동일한 사안에 대하여는 공동조사 등을 실시함으로써 행정조사가 중복되지 아니하도록 하여야 한다.
④ 행정조사는 법령등의 위반에 대한 처벌보다는 법령등을 준수하도록 유도하는 데 중점을 두어야 한다.
⑤ 다른 법률에 따르지 아니하고는 행정조사의 대상자 또는 행정조사의 내용을 공표하거나 직무상 알게 된 비밀을 누설하여서는 아니 된다.
⑥ 행정기관은 행정조사를 통하여 알게 된 정보를 다른 법률에 따라 내부에서 이용하거나 다른 기관에 제공하는 경우를 제외하고는 원래의 조사목적 이외의 용도로 이용하거나 타인에게 제공하여서는 아니 된다.

3. 정기조사 · 수시조사

제7조【조사의 주기】행정조사는 법령등 또는 행정조사운영계획으로 정하는 바에 따라 정기적으로 실시함을 원칙으로 한다. 다만, 다음 각 호 중 어느 하나에 해당하는 경우에는 수시조사를 할 수 있다.
1. 법률에서 수시조사를 규정하고 있는 경우
2. 법령등의 위반에 대하여 혐의가 있는 경우
3. 다른 행정기관으로부터 법령등의 위반에 관한 혐의를 통보 또는 이첩받은 경우
4. 법령등의 위반에 대한 신고를 받거나 민원이 접수된 경우
5. 그 밖에 행정조사의 필요성이 인정되는 사항으로서 대통령령으로 정하는 경우

4. 조사대상의 선정

> **제8조【조사대상의 선정】** ① 행정기관의 장은 행정조사의 목적, 법령준수의 실적, 자율적인 준수를 위한 노력, 규모와 업종 등을 고려하여 명백하고 객관적인 기준에 따라 행정조사의 대상을 선정하여야 한다.
> ② 조사대상자는 조사대상 선정기준에 대한 열람을 행정기관의 장에게 신청할 수 있다.
> ③ 행정기관의 장이 제2항에 따라 열람신청을 받은 때에는 다음 각 호의 어느 하나에 해당하는 경우를 제외하고 신청인이 조사대상 선정기준을 열람할 수 있도록 하여야 한다.
>   1. 행정기관이 당해 행정조사업무를 수행할 수 없을 정도로 조사활동에 지장을 초래하는 경우
>   2. 내부고발자 등 제3자에 대한 보호가 필요한 경우

5. 현장조사

> **제11조【현장조사】** ① 조사원이 가택·사무실 또는 사업장 등에 출입하여 현장조사를 실시하는 경우에는 행정기관의 장은 현장출입조사서 또는 법령등에서 현장조사시 제시하도록 규정하고 있는 문서를 조사대상자에게 발송하여야 한다.
> ② 제1항에 따른 현장조사는 해가 뜨기 전이나 해가 진 뒤에는 할 수 없다. 다만, 다음 각 호의 어느 하나에 해당하는 경우에는 그러하지 아니하다.
>   1. 조사대상자(대리인 및 관리책임이 있는 자를 포함한다)가 동의한 경우
>   2. 사무실 또는 사업장 등의 업무시간에 행정조사를 실시하는 경우
>   3. 해가 뜬 후부터 해가 지기 전까지 행정조사를 실시하는 경우에는 조사목적의 달성이 불가능하거나 증거인멸로 인하여 조사대상자의 법령등의 위반 여부를 확인할 수 없는 경우
> ③ 제1항 및 제2항에 따라 현장조사를 하는 조사원은 그 권한을 나타내는 증표를 지니고 이를 조사대상자에게 내보여야 한다.
>
> **제12조【시료채취】** ① 조사원이 조사목적의 달성을 위하여 시료채취를 하는 경우에는 그 시료의 소유자 및 관리자의 정상적인 경제활동을 방해하지 아니하는 범위 안에서 최소한도로 하여야 한다.
> ② 행정기관의 장은 제1항에 따른 시료채취로 조사대상자에게 손실을 입힌 때에는 대통령령으로 정하는 절차와 방법에 따라 그 손실을 보상하여야 한다.
>
> **제13조【자료등의 영치】** ① 조사원이 현장조사 중에 자료·서류·물건 등(이하 이 조에서 "자료등"이라 한다)을 영치하는 때에는 조사대상자 또는 그 대리인을 입회시켜야 한다.
> ② 조사원이 제1항에 따라 자료등을 영치하는 경우에 조사대상자의 생활이나 영업이 사실상 불가능하게 될 우려가 있는 때에는 조사원은 자료등을 사진으로 촬영하거나 사본을 작성하는 등의 방법으로 영치에 갈음할 수 있다. 다만, 증거인멸의 우려가 있는 자료등을 영치하는 경우에는 그러하지 아니하다.
> ③ 조사원이 영치를 완료한 때에는 영치조서 2부를 작성하여 입회인과 함께 서명날인하고 그중 1부를 입회인에게 교부하여야 한다.

6. 제3자에 대한 보충조사

제19조【제3자에 대한 보충조사】 ① 행정기관의 장은 조사대상자에 대한 조사만으로는 당해 행정조사의 목적을 달성할 수 없거나 조사대상이 되는 행위에 대한 사실 여부 등을 입증하는 데 과도한 비용 등이 소요되는 경우로서 다음 각 호의 어느 하나에 해당하는 경우에는 제3자에 대하여 보충조사를 할 수 있다.
　1. 다른 법률에서 제3자에 대한 조사를 허용하고 있는 경우
　2. 제3자의 동의가 있는 경우
② 행정기관의 장은 제1항에 따라 제3자에 대한 보충조사를 실시하는 경우에는 조사개시 7일 전까지 보충조사의 일시·장소 및 보충조사의 취지 등을 제3자에게 서면으로 통지하여야 한다.
③ 행정기관의 장은 제3자에 대한 보충조사를 하기 전에 그 사실을 원래의 조사대상자에게 통지하여야 한다. 다만, 제3자에 대한 보충조사를 사전에 통지하여서는 조사목적을 달성할 수 없거나 조사목적의 달성이 현저히 곤란한 경우에는 제3자에 대한 조사결과를 확정하기 전에 그 사실을 통지하여야 한다.
④ 원래의 조사대상자는 제3항에 따른 통지에 대하여 의견을 제출할 수 있다.

7. 자발적인 협조에 따라 실시하는 행정조사

제20조【자발적인 협조에 따라 실시하는 행정조사】 ① 행정기관의 장이 제5조 단서에 따라 조사대상자의 자발적인 협조를 얻어 행정조사를 실시하고자 하는 경우 조사대상자는 문서·전화·구두 등의 방법으로 당해 행정조사를 거부할 수 있다.
② 제1항에 따른 행정조사에 대하여 조사대상자가 조사에 응할 것인지에 대한 응답을 하지 아니하는 경우에는 법령등에 특별한 규정이 없는 한 그 조사를 거부한 것으로 본다.
③ 행정기관의 장은 제1항 및 제2항에 따른 조사거부자의 인적 사항 등에 관한 기초자료는 특정 개인을 식별할 수 없는 형태로 통계를 작성하는 경우에 한하여 이를 이용할 수 있다.

8. 조사권 행사의 제한

제23조【조사권 행사의 제한】 ① 조사원은 제9조부터 제11조까지에 따라 사전에 발송된 사항에 한하여 조사대상자를 조사하되, 사전통지한 사항과 관련된 추가적인 행정조사가 필요할 경우에는 조사대상자에게 추가조사의 필요성과 조사내용 등에 관한 사항을 서면이나 구두로 통보한 후 추가조사를 실시할 수 있다.
② 조사대상자는 법률·회계 등에 대하여 전문지식이 있는 관계 전문가로 하여금 행정조사를 받는 과정에 입회하게 하거나 의견을 진술하게 할 수 있다.
③ 조사대상자와 조사원은 조사과정을 방해하지 아니하는 범위 안에서 행정조사의 과정을 녹음하거나 녹화할 수 있다. 이 경우 녹음·녹화의 범위 등은 상호 협의하여 정하여야 한다.
④ 조사대상자와 조사원이 제3항에 따라 녹음이나 녹화를 하는 경우에는 사전에 이를 당해 행정기관의 장에게 통지하여야 한다.

행정벌

✦ **행정상 강제집행과 행정벌**

구분	행정상 강제집행	행정벌
대상	의무불이행	의무 위반
성격	장래의 의무이행을 강제	과거의 의무 위반에 대한 제재
병과 여부	직접적인 목적이 다르므로 양자의 병과가 가능	

1. 행정벌의 종류

1) 행정형벌

형법에 정해져 있는 형벌(사형 · 징역 · 금고 · 벌금 등)이 과하여지는 것을 말한다. 행정형벌에는 특별한 규정이 있는 경우를 제외하고는 형법총칙이 적용된다.

2) 행정질서벌

법률 또는 조례상 의무를 위반하여 과태료가 과하여지는 것을 말한다. 행정질서벌에는 형법총칙이 적용되지 않으며, 질서위반행위규제법이 적용된다.

3) 양자의 관계

행정형벌은 행정목적의 직접적인 침해에 대한 제재이고, 행정질서벌은 단순한 행정상 의무태만에 대한 제재이다. 양자는 그 목적을 달리하므로 행정형벌과 행정질서벌의 병과는 일사부재리 원칙에 위반되지 않는다.

판례

행정형벌을 과할 것인지 행정질서벌을 과할 것인지는 국회의 입법재량에 속한다(헌재 1994. 4. 28. 91헌바14).

2. 행정벌의 근거

죄형법정주의와 형법총칙 규정은 행정형벌에도 적용되므로, 행정형벌의 부과에는 반드시 법률의 근거가 있어야 한다. 반면 행정질서벌에는 죄형법정주의와 형법총칙 규정이 적용되지 않는다.

3. 행정형벌

1) 성립

행정범은 원칙적으로 고의가 있어야 성립한다.

과실범의 경우에는 과실범을 처벌할 수 있는 명문의 규정이 있어야 한다. 판례는 명문의 규정이 없는 경우에도 행정벌 규정의 해석상 관련법규의 목적과 취지를 고려해서 과실범을 처벌할 수 있다.

2) 양벌규정

범죄행위자와 행위자 이외의 자를 함께 처벌하는 법규정이다.

> **판례**
>
> ▶ **종업원의 범죄성립이나 처벌은 영업주 처벌의 전제조건이 아니다.**
>
> 양벌규정에 의한 영업주의 처벌은 금지위반행위자인 종업원의 처벌에 종속하는 것이 아니라 독립하여 그 자신의 종업원에 대한 선임감독상의 과실로 인하여 처벌되는 것이므로 종업원의 범죄성립이나 처벌이 영업주 처벌의 전제조건이 될 필요는 없다(대법원 2006. 2. 24. 2005도7673).
>
> ▶ **지방자치단체가 자치사무를 처리하는 경우에는 양벌규정의 대상이 된다.**
>
> 국가가 본래 그의 사무의 일부를 지방자치단체의 장에게 위임하여 그 사무를 처리하게 하는 기관위임사무의 경우에는 지방자치단체는 국가기관의 일부로 볼 수 있는 것이지만, 지방자치단체가 그 고유의 자치사무를 처리하는 경우에는 지방자치단체는 국가기관과는 별도의 독립한 공법인이므로, 지방자치단체 소속 공무원이 지방자치단체 고유의 자치사무를 수행하던 중 위반행위를 한 경우에는 지방자치단체는 양벌규정에 따라 처벌대상이 되는 법인에 해당한다(대법원 2005. 11. 10. 2004도2657).

3) 행정형벌의 특별한 절차

(1) 즉결심판

20만 원 이하의 벌금, 구류 또는 과료에 처할 범칙사건에 대하여 경찰서장의 청구에 의하여 지방법원, 지원 또는 시·군법원의 판사가 즉결심판에 관한 절차법이 정하는 바에 따라 재판하는 것을 말한다. 형의 집행은 경찰서장이 행한다.

(2) 통고처분

① **개념**: 일정한 행정형벌을 부과해야 할 행정범에 대하여 행정청이 정식재판에 대신하여 벌금 또는 과료에 상당하는 금액의 납부를 명하는 준사법적 행위를 말한다.

② **적용범위**: 통고처분은 모든 행정상의 의무불이행에 대해 취할 수 있는 제재가 아니다. 조세범, 관세범, 경범죄사범, 도로교통사범, 출입국관리사범 등에서 벌금 또는 과료의 경우에 부과할 수 있다.

③ **법적 성질**: 통고처분을 받은 자가 이에 불복하여 통고된 내용을 이행하지 않으면 통고처분은 효력을 잃고, 형사재판에서 통고처분의 위법 여부를 다툴 수 있기 때문에 통고처분은 행정쟁송의 대상인 처분이 아니다.

④ **통고권자**: 통고권자는 국세청장·지방국세청장 또는 세무서장, 경찰서장, 출입국관리소장 등의 행정청이다. 법원이나 검사 등은 통고처분을 할 수 없다.

4. 행정질서벌

1) 법적 근거

행정질서벌에 관한 일반법으로 질서위반행위규제법이 있고, 지방자치법은 "조례로써 조례위반행위에 대하여 1,000만 원 이하의 과태료를 정할 수 있다."고 규정하고 있다.

2) 과태료부과처분의 처분성 여부

질서위반행위규제법상의 과태료부과처분은 행정쟁송의 대상인 행정처분이 아니다. 과태료부과처분에 대해 이의를 제기하면 과태료부과처분은 효력을 상실하고 과태료 재판이 진행되기 때문이다.

3) 행정질서벌과 이중처벌의 문제

형벌과 행정질서벌의 병과가 가능하다. 행정질서벌은 엄격한 의미의 형벌이 아니기 때문에 행정법상의 질서벌인 과태료를 납부한 후에 형사처벌을 하여도 일사부재리의 원칙에 반하는 것은 아니다.

4) 질서위반행위규제법

(I) 적용범위

제2조【정의】이 법에서 사용하는 용어의 뜻은 다음과 같다.
1. "질서위반행위"란 법률(지방자치단체의 조례를 포함한다. 이하 같다)상의 의무를 위반하여 과태료를 부과하는 행위를 말한다. 다만, 다음 각 목의 어느 하나에 해당하는 행위를 제외한다.
  가. 대통령령으로 정하는 사법(私法)상·소송법상 의무를 위반하여 과태료를 부과하는 행위
  나. 대통령령으로 정하는 법률에 따른 징계사유에 해당하여 과태료를 부과하는 행위
제3조【법 적용의 시간적 범위】① 질서위반행위의 성립과 과태료 처분은 행위 시의 법률에 따른다.
② 질서위반행위 후 법률이 변경되어 그 행위가 질서위반행위에 해당하지 아니하게 되거나 과태료가 변경되기 전의 법률보다 가볍게 된 때에는 법률에 특별한 규정이 없는 한 변경된 법률을 적용한다.

③ 행정청의 과태료 처분이나 법원의 과태료 재판이 확정된 후 법률이 변경되어 그 행위가 질서위반행위에 해당하지 아니하게 된 때에는 변경된 법률에 특별한 규정이 없는 한 과태료의 징수 또는 집행을 면제한다.

제4조【법 적용의 장소적 범위】 ① 이 법은 대한민국 영역 안에서 질서위반행위를 한 자에게 적용한다.
② 이 법은 대한민국 영역 밖에서 질서위반행위를 한 대한민국의 국민에게 적용한다.
③ 이 법은 대한민국 영역 밖에 있는 대한민국의 선박 또는 항공기 안에서 질서위반행위를 한 외국인에게 적용한다.

제5조【다른 법률과의 관계】 과태료의 부과·징수, 재판 및 집행 등의 절차에 관한 다른 법률의 규정 중 이 법의 규정에 저촉되는 것은 이 법으로 정하는 바에 따른다.

(2) 성립

제6조【질서위반행위 법정주의】 법률에 따르지 아니하고는 어떤 행위도 질서위반행위로 과태료를 부과하지 아니한다.

제7조【고의 또는 과실】 고의 또는 과실이 없는 질서위반행위는 과태료를 부과하지 아니한다.

제8조【위법성의 착오】 자신의 행위가 위법하지 아니한 것으로 오인하고 행한 질서위반행위는 그 오인에 정당한 이유가 있는 때에 한하여 과태료를 부과하지 아니한다.

제9조【책임연령】 14세가 되지 아니한 자의 질서위반행위는 과태료를 부과하지 아니한다. 다만, 다른 법률에 특별한 규정이 있는 경우에는 그러하지 아니하다.

제10조【심신장애】 ① 심신(心神)장애로 인하여 행위의 옳고 그름을 판단할 능력이 없거나 그 판단에 따른 행위를 할 능력이 없는 자의 질서위반행위는 과태료를 부과하지 아니한다.
② 심신장애로 인하여 제1항에 따른 능력이 미약한 자의 질서위반행위는 과태료를 감경한다.
③ 스스로 심신장애 상태를 일으켜 질서위반행위를 한 자에 대하여는 제1항 및 제2항을 적용하지 아니한다.

제11조【법인의 처리 등】 ① 법인의 대표자, 법인 또는 개인의 대리인·사용인 및 그 밖의 종업원이 업무에 관하여 법인 또는 그 개인에게 부과된 법률상의 의무를 위반한 때에는 법인 또는 그 개인에게 과태료를 부과한다.
② 제7조부터 제10조까지의 규정은 「도로교통법」 제56조 제1항에 따른 고용주등을 같은 법 제160조 제3항에 따라 과태료를 부과하는 경우에는 적용하지 아니한다.

제12조【다수인의 질서위반행위 가담】 ① 2인 이상이 질서위반행위에 가담한 때에는 각자가 질서위반행위를 한 것으로 본다.
② 신분에 의하여 성립하는 질서위반행위에 신분이 없는 자가 가담한 때에는 신분이 없는 자에 대하여도 질서위반행위가 성립한다.
③ 신분에 의하여 과태료를 감경 또는 가중하거나 과태료를 부과하지 아니하는 때에는 그 신분의 효과는 신분이 없는 자에게는 미치지 아니한다.

제13조【수개의 질서위반행위의 처리】 ① 하나의 행위가 2 이상의 질서위반행위에 해당하는 경우에는 각 질서위반행위에 대하여 정한 과태료 중 가장 중한 과태료를 부과한다.
② 제1항의 경우를 제외하고 2 이상의 질서위반행위가 경합하는 경우에는 각 질서위반행위에 대하여 정한 과태료를 각각 부과한다. 다만, 다른 법령(지방자치단체의 조례를 포함한다. 이하 같다)에 특별한 규정이 있는 경우에는 그 법령으로 정하는 바에 따른다.

제15조【과태료의 시효】 ① 과태료는 행정청의 과태료 부과처분이나 법원의 과태료 재판이 확정된 후 5년간 징수하지 아니하거나 집행하지 아니하면 시효로 인하여 소멸한다.

⑶ **행정청의 과태료부과 및 징수**

> **제16조【사전통지 및 의견 제출 등】** ① 행정청이 질서위반행위에 대하여 과태료를 부과하고자 하는 때에는 미리 당사자(제11조 제2항에 따른 고용주등을 포함한다. 이하 같다)에게 대통령령으로 정하는 사항을 통지하고, 10일 이상의 기간을 정하여 의견을 제출할 기회를 주어야 한다. 이 경우 지정된 기일까지 의견 제출이 없는 경우에는 의견이 없는 것으로 본다.
>
> **제19조【과태료 부과의 제척기간】** ① 행정청은 질서위반행위가 종료된 날(다수인이 질서위반행위에 가담한 경우에는 최종행위가 종료된 날을 말한다)부터 5년이 경과한 경우에는 해당 질서위반행위에 대하여 과태료를 부과할 수 없다.
> ② 제1항에도 불구하고 행정청은 제36조 또는 제44조에 따른 법원의 결정이 있는 경우에는 그 결정이 확정된 날부터 1년이 경과하기 전까지는 과태료를 정정부과 하는 등 해당 결정에 따라 필요한 처분을 할 수 있다.
>
> **제20조【이의제기】** ① 행정청의 과태료 부과에 불복하는 당사자는 제17조 제1항에 따른 과태료 부과 통지를 받은 날부터 60일 이내에 해당 행정청에 서면으로 이의제기를 할 수 있다.
> ② 제1항에 따른 이의제기가 있는 경우에는 행정청의 과태료 부과처분은 그 효력을 상실한다.

⑷ **질서위반행위의 재판 및 집행**

> **제31조【심문 등】** ① 법원은 심문기일을 열어 당사자의 진술을 들어야 한다.
> ② 법원은 검사의 의견을 구하여야 하고, 검사는 심문에 참여하여 의견을 진술하거나 서면으로 의견을 제출하여야 한다.
>
> **제32조【행정청에 대한 출석 요구 등】** ① 법원은 행정청의 참여가 필요하다고 인정하는 때에는 행정청으로 하여금 심문기일에 출석하여 의견을 진술하게 할 수 있다.
>
> **제33조【직권에 의한 사실탐지와 증거조사】** ① 법원은 직권으로 사실의 탐지와 필요하다고 인정하는 증거의 조사를 하여야 한다.
>
> **제36조【재판】** ① 과태료 재판은 이유를 붙인 결정으로써 한다.
>
> **제37조【결정의 고지】** ① 결정은 당사자와 검사에게 고지함으로써 효력이 생긴다.
>
> **제38조【항고】** ① 당사자와 검사는 과태료 재판에 대하여 즉시항고를 할 수 있다. 이 경우 항고는 집행정지의 효력이 있다.
>
> **제39조【항고법원의 재판】** 항고법원의 과태료 재판에는 이유를 적어야 한다.
>
> **제44조【약식재판】** 법원은 상당하다고 인정하는 때에는 제31조 제1항에 따른 심문 없이 과태료 재판을 할 수 있다.
>
> **제45조【이의신청】** ① 당사자와 검사는 제44조에 따른 약식재판의 고지를 받은 날부터 7일 이내에 이의신청을 할 수 있다.
>
> **제50조【이의신청에 따른 정식재판절차로의 이행】** ① 법원이 이의신청이 적법하다고 인정하는 때에는 약식재판은 그 효력을 잃는다.

(5) 보칙

제52조【관허사업의 제한】 ① 행정청은 허가·인가·면허·등록 및 갱신(이하 "허가등"이라 한다)을 요하는 사업을 경영하는 자로서 다음 각 호의 사유에 모두 해당하는 체납자에 대하여는 사업의 정지 또는 허가등의 취소를 할 수 있다.
1. 해당 사업과 관련된 질서위반행위로 부과받은 과태료를 3회 이상 체납하고 있고, 체납발생일부터 각 1년이 경과하였으며, 체납금액의 합계가 500만원 이상인 체납자 중 대통령령으로 정하는 횟수와 금액 이상을 체납한 자
2. 천재지변이나 그 밖의 중대한 재난 등 대통령령으로 정하는 특별한 사유 없이 과태료를 체납한 자
③ 행정청은 제1항 또는 제2항에 따라 사업의 정지 또는 허가등을 취소하거나 주무관청에 대하여 그 요구를 한 후 당해 과태료를 징수한 때에는 지체 없이 사업의 정지 또는 허가등의 취소나 그 요구를 철회하여야 한다.

제54조【고액·상습체납자에 대한 제재】 ① 법원은 검사의 청구에 따라 결정으로 30일의 범위 이내에서 과태료의 납부가 있을 때까지 다음 각 호의 사유에 모두 해당하는 경우 체납자(법인인 경우에는 대표자를 말한다. 이하 이 조에서 같다)를 감치(監置)에 처할 수 있다.
1. 과태료를 3회 이상 체납하고 있고, 체납발생일부터 각 1년이 경과하였으며, 체납금액의 합계가 1천만원 이상인 체납자 중 대통령령으로 정하는 횟수와 금액 이상을 체납한 경우
2. 과태료 납부능력이 있음에도 불구하고 정당한 사유 없이 체납한 경우
④ 제1항에 따라 감치에 처하여진 과태료 체납자는 동일한 체납사실로 인하여 재차 감치되지 아니한다.

제55조【자동차 관련 과태료 체납자에 대한 자동차 등록번호판의 영치】 ① 행정청은 「자동차관리법」 제2조 제1호에 따른 자동차의 운행·관리 등에 관한 질서위반행위 중 대통령령으로 정하는 질서위반행위로 부과받은 과태료(이하 "자동차 관련 과태료"라 한다)를 납부하지 아니한 자에 대하여 체납된 자동차 관련 과태료와 관계된 그 소유의 자동차의 등록번호판을 영치할 수 있다.
④ 행정청은 제1항에 따라 자동차의 등록번호판이 영치된 당사자가 해당 자동차를 직접적인 생계유지 목적으로 사용하고 있어 자동차 등록번호판을 영치할 경우 생계유지가 곤란하다고 인정되는 경우 자동차 등록번호판을 내주고 영치를 일시 해제할 수 있다. 다만, 그 밖의 다른 과태료를 체납하고 있는 당사자에 대하여는 그러하지 아니하다.

제56조【자동차 관련 과태료 납부증명서의 제출】 자동차 관련 과태료와 관계된 자동차가 그 자동차 관련 과태료의 체납으로 인하여 압류등록된 경우 그 자동차에 대하여 소유권 이전등록을 하려는 자는 압류등록의 원인이 된 자동차 관련 과태료(제24조에 따른 가산금 및 중가산금을 포함한다)를 납부한 증명서를 제출하여야 한다. 다만, 「전자정부법」 제36조 제1항에 따른 행정정보의 공동이용을 통하여 납부사실을 확인할 수 있는 경우에는 그러하지 아니하다.

새로운 실효성 확보수단

1. 과징금

> **행정기본법 제28조【과징금의 기준】** ① 행정청은 법령등에 따른 의무를 위반한 자에 대하여 법률로 정하는 바에 따라 그 위반행위에 대한 제재로서 과징금을 부과할 수 있다.
> ② 과징금의 근거가 되는 법률에는 과징금에 관한 다음 각 호의 사항을 명확하게 규정하여야 한다.
>   1. 부과·징수 주체
>   2. 부과 사유
>   3. 상한액
>   4. 가산금을 징수하려는 경우 그 사항
>   5. 과징금 또는 가산금 체납 시 강제징수를 하려는 경우 그 사항

1) 본래의 과징금

행정법상의 의무 위반행위로 인하여 얻은 경제적 이익을 박탈하는 행정제재금을 말한다.

2) 변형된 과징금

공중의 일상생활에 필수적인 사업인 경우 의무 위반행위에 대해 사업의 인·허가를 철회 또는 정지하여야 할 사유가 있어도 공공의 불편함 등을 고려하여 사업은 계속하게 하고 그에 따른 이익을 박탈하는 내용의 과징금을 말한다.

3) 법적 성질

과징금의 부과처분은 급부하명으로 행정쟁송의 대상이 되는 처분에 해당하며, 원칙적으로 행정절차법이 적용된다.

과징금부과처분은 원칙적으로 재량행위로 규정되어 있으나, 부동산실권리자명의 등기에 관한 법률상의 명의신탁자에 대한 과징금부과처분은 기속행위로 보는 것이 판례의 입장이다.

판례

▶ 불공정거래행위를 한 사업자에 대하여 부과되는 과징금은 그 부과처분 당시까지 부과관청이 확인한 사실을 기초로 일의적으로 확정되어야 할 것이고, 그렇지 아니하고 부과관청이 과징금을 부과하면서 추후에 부과금 산정 기준이 되는 새로운 자료가 나올 경우에는 과징금액이 변경될 수도 있다고 유보한다든지, 실제로 추후에 새로운 자료가 나왔다고 하여 새로운 부과처분을 할 수는 없다(대법원 1999. 5. 28. 99두1571).

▶ 과징금부과처분은 행정목적의 달성을 위하여 행정법규 위반이라는 객관적 사실에 착안하여 가하는 제재이므로 반드시 현실적인 행위자가 아니라도 법령상 책임자로 규정된 자에게 부과되고 원칙적으로 위반자의 고의·과실을 요하지 아니하나, 위반자의 의무 해태를 탓할 수 없는 정당한 사유가 있는 등의 특별한 사정이 있는 경우에는 이를 부과할 수 없다(대법원 2014. 10. 15. 2013두5005).

▶ 형사처벌과 과징금을 병과하더라도 이중처벌에 해당하지 않는다(헌재 2003. 07. 24. 2001헌가25).

▶ 위반행위의 종류와 금액을 열거하지 않은 위반행위에 대해서 사업정지처분을 갈음하여 과징금을 부과하는 것은 허용되지 않는다(대법원 2020. 5. 28. 2017두73693).

▶ 과징금의 액수는 행정청의 재량이므로 과징금 처분기준은 최고한도액이다(대법원 2001. 3. 9. 99두5207).

▶ 법원이 과징금액을 산정할 수 있는 자료가 없는 경우에는 하나의 과징금 납부명령 전부를 취소하여야 한다(대법원 2007. 10. 26. 2005두3172).

▶ 법원이 과징금액을 산정할 수 있는 자료가 있는 경우에는, 하나의 과징금 납부명령일지라도 그 중 위법하여 그 처분을 취소하게 된 일부의 위반행위에 대한 과징금액에 해당하는 부분만을 취소할 수 있다(대법원 2006. 12. 22. 2004두1483).

2. 위반사실 등의 공표

> **행정절차법 제40조의3 【위반사실 등의 공표】** ① 행정청은 법령에 따른 의무를 위반한 자의 성명·법인명, 위반사실, 의무 위반을 이유로 한 처분사실 등(이하 "위반사실등"이라 한다)을 법률로 정하는 바에 따라 일반에게 공표할 수 있다.
> ③ 행정청은 위반사실등의 공표를 할 때에는 미리 당사자에게 그 사실을 통지하고 의견제출의 기회를 주어야 한다. 다만, 다음 각 호의 어느 하나에 해당하는 경우에는 그러하지 아니하다.
>   1. 공공의 안전 또는 복리를 위하여 긴급히 공표를 할 필요가 있는 경우
>   2. 해당 공표의 성질상 의견청취가 현저히 곤란하거나 명백히 불필요하다고 인정될 만한 타당한 이유가 있는 경우
>   3. 당사자가 의견진술의 기회를 포기한다는 뜻을 명백히 밝힌 경우
> ⑤ 제4항에 따른 의견제출의 방법과 제출 의견의 반영 등에 관하여는 제27조 및 제27조의2를 준용한다. 이 경우 "처분"은 "위반사실등의 공표"로 본다.
> ⑦ 행정청은 위반사실등의 공표를 하기 전에 당사자가 공표와 관련된 의무의 이행, 원상회복, 손해배상 등의 조치를 마친 경우에는 위반사실등의 공표를 하지 아니할 수 있다.
> ⑧ 행정청은 공표된 내용이 사실과 다른 것으로 밝혀지거나 공표에 포함된 처분이 취소된 경우에는 그 내용을 정정하여, 정정한 내용을 지체 없이 해당 공표와 같은 방법으로 공표된 기간 이상 공표하여야 한다. 다만, 당사자가 원하지 아니하면 공표하지 아니할 수 있다.

판례

병역의무 기피자의 인적사항 등의 공개결정은 항고소송의 대상이 되는 행정처분이다(대법원 2019. 6. 27. 2018두49130).

행정사
이준희 행정법

손해배상 일반론

✦ **손해배상과 손실보상의 비교**

구분	손해배상	손실보상
헌법적 근거	헌법 제29조	헌법 제23조 제3항
적용법률	국가배상법	개별법 규정의 보상규정
발생원인	① 위법한 공무원의 직무상 행위(고의·과실을 요함) ② 공공영조물의 설치·관리상의 하자(무과실책임)	적법한 행정작용, 무과실책임
손해의 범위	재산상 손해와 생명·신체에 대한 손해, 정신적 손해 포함	재산적 손실만 보상
양도·압류의 가능성	• 생명·신체에 대한 손해로 발생한 청구권은 양도·압류 금지 • 재산상 손해에 대한 청구권은 양도·압류 가능	양도·압류 가능
청구절차	배상심의회의 결정(임의) → 법원	협의 → 재결 → 법원
책임자	① 헌법: 국가·공공단체 ② 국가배상법: 국가·지방자치단체	사업시행자

✦ **헌법과 국가배상법의 비교**

구분	헌법	국가배상법
배상주체	국가, 공공단체	국가, 지방자치단체
영조물책임 규정	×	○
공무원 책임	공무원 자신의 책임은 면제되지 않음	공무원에게 고의·중과실이 있으면 국가, 지방자치단체는 구상할 수 있음
이중배상금지 대상자	군인, 군무원, 경찰공무원	군인, 군무원, 경찰공무원, 예비군대원

헌법 제29조 ① 공무원의 직무상 불법행위로 손해를 받은 국민은 법률이 정하는 바에 의하여 국가 또는 공공단체에 정당한 배상을 청구할 수 있다. 이 경우 공무원 자신의 책임은 면제되지 아니한다.

② 군인·군무원·경찰공무원 기타 법률이 정하는 자가 전투·훈련등 직무집행과 관련하여 받은 손해에 대하여는 법률이 정하는 보상 외에 국가 또는 공공단체에 공무원의 직무상 불법행위로 인한 배상은 청구할 수 없다.

국가배상법

제2조【배상책임】 ① 국가나 지방자치단체는 공무원 또는 공무를 위탁받은 사인(이하 "공무원"이라 한다)이 직무를 집행하면서 고의 또는 과실로 법령을 위반하여 타인에게 손해를 입히거나, 「자동차손해배상 보장법」에 따라 손해배상의 책임이 있을 때에는 이 법에 따라 그 손해를 배상하여야 한다. 다만, 군인·군무원·경찰공무원 또는 예비군대원이 전투·훈련 등 직무 집행과 관련하여 전사(戰死)·순직(殉職)하거나 공상(公傷)을 입은 경우에 본인이나 그 유족이 다른 법령에 따라 재해보상금·유족연금·상이연금 등의 보상을 지급받을 수 있을 때에는 이 법 및 「민법」에 따른 손해배상을 청구할 수 없다.

② 제1항 본문의 경우에 공무원에게 고의 또는 중대한 과실이 있으면 국가나 지방자치단체는 그 공무원에게 구상(求償)할 수 있다.

제5조【공공시설 등의 하자로 인한 책임】 ① 도로·하천, 그 밖의 공공의 영조물(營造物)의 설치나 관리에 하자(瑕疵)가 있기 때문에 타인에게 손해를 발생하게 하였을 때에는 국가나 지방자치단체는 그 손해를 배상하여야 한다. 이 경우 제2조 제1항 단서, 제3조 및 제3조의2를 준용한다.

② 제1항을 적용할 때 손해의 원인에 대하여 책임을 질 자가 따로 있으면 국가나 지방자치단체는 그 자에게 구상할 수 있다.

제6조【비용부담자 등의 책임】 ① 제2조·제3조 및 제5조에 따라 국가나 지방자치단체가 손해를 배상할 책임이 있는 경우에 공무원의 선임·감독 또는 영조물의 설치·관리를 맡은 자와 공무원의 봉급·급여, 그 밖의 비용 또는 영조물의 설치·관리 비용을 부담하는 자가 동일하지 아니하면 그 비용을 부담하는 자도 손해를 배상하여야 한다.

② 제1항의 경우에 손해를 배상한 자는 내부관계에서 그 손해를 배상할 책임이 있는 자에게 구상할 수 있다.

제7조【외국인에 대한 책임】 이 법은 외국인이 피해자인 경우에는 해당 국가와 상호 보증이 있을 때에만 적용한다.

공무원의 직무상 행위로 인한 손해배상

1. 성립요건

1) 일반

(1) 가해행위가 공무원의 행위일 것

(2) 직무행위일 것

(3) 직무를 집행함에 있어서 행해졌을 것

(4) 위법할 것

(5) 고의 또는 과실에 기한 것일 것

(6) 타인에게 손해가 발생하였을 것

(7) 공무원의 행위와 손해 사이에 상당인과관계가 존재할 것

2) 공무원

공무원은 조직법상의 의미뿐만 아니라 기능적 의미까지 포함한다.

판례

▶ **공무원의 범위**

[1] 국가배상법 제2조 소정의 '공무원'이라 함은 국가공무원법이나 지방공무원법에 의하여 공무원으로서의 신분을 가진 자에 국한하지 않고, 널리 공무를 위탁받아 실질적으로 공무에 종사하고 있는 일체의 자를 가리키는 것으로서, 공무의 위탁이 일시적이고 한정적인 사항에 관한 활동을 위한 것이어도 달리 볼 것은 아니다.

[2] 국가배상청구의 요건인 '공무원의 직무'에는 권력적 작용만이 아니라 비권력적 작용도 포함되며 단지 행정주체가 사경제주체로서 하는 활동만 제외된다.

[3] 국가배상법 제2조 제1항 소정의 '직무를 집행함에 당하여'라 함은 직접 공무원의 직무집행행위이거나 그와 밀접한 관계에 있는 행위를 포함하고, 이를 판단함에 있어서는 행위 자체의 외관을 객관적으로 관찰하여 공무원의 직무행위로 보여질 때에는 비록 그것이 실질적으로 직무행위에 속하지 않는다 하더라도 그 행위는 공무원이 '직무를 집행함에 당하여' 한 것으로 보아야 한다(대법원 2001. 1. 5. 98다39060).

✦ **판례에 따른 공무원과 비공무원**

공무원 ○	공무원 ×
• 청소차량 운전수 • 소집 중인 향토예비군 • 철도건널목의 간수 • 소방대원 • 전입신고서에 확인인을 찍는 통장 • 교통할아버지 • 지방자치단체에서 근무하는 청원경찰 • 전투경찰	• 의용소방대원 • 우체국에서 아르바이트를 하는 자 • 공무집행에 자진 협력하는 사인 • 공공조합의 직원 • 한국도로공사 사장 • 대집행권한을 위탁받은 한국토지공사

3) 직무행위

(1) 직무행위의 범위에는 권력적 작용만이 아니라 행정지도와 같은 비권력적 작용도 포함되며 단지 행정주체가 사경제주체로서 하는 활동만 제외된다(국고작용 포함 ×).

(2) 직무행위에는 법률행위적 행정행위, 준법률행위적 행정행위, 사실행위, 재량행위, 입법작용 및 사법작용 모두 포함된다. 또한 행정청이 작위의무를 위반한 경우 부작위에 대하여도 행정 상의 손해배상책임을 물을 수 있다.

(3) 공무원의 직무가 사익을 보호하는 목적을 포함하여야 한다. 사익보호성은 부수적인 목적이 어도 상관없다.

> **판례**
>
> ▶ 국회의원은 입법에 관하여 원칙적으로 국민 전체에 대한 관계에서 정치적 책임을 질 뿐 국민 개개인의 권리에 대응하여 법적 의무를 지는 것은 아니므로, 국회의원의 입법행위는 국가가 일정한 사항에 관하여 헌법에 의하여 부과되는 구체적인 입법의무를 부담하고 있음에도 불구하고 그 입법에 필요한 상당한 기간 이 경과하도록 고의 또는 과실로 이러한 입법의무를 이행하지 아니하는 등 극히 예외적인 사정이 인정되는 사안에 한정하여 국가배상법 소정의 배상책임이 인정될 수 있으며 위와 같은 구체적인 입법의무 자체가 인정되지 않는 경우에는 애당초 부작위로 인한 불법행위가 성립할 여지가 없다(대법원 2008. 5. 29. 2004다 33469).
>
> ▶ 입법부가 법률로써 행정부에게 특정한 사항을 위임했음에도 불구하고 행정부가 정당한 이유 없이 이를 이행하지 않는다면 권력분립의 원칙과 법치국가 내지 법치행정의 원칙에 위배되는 것으로서 위법함과 동 시에 위헌적인 것이 된다(대법원 2007. 11. 29. 2006다3561).
>
> ▶ 헌법재판소 재판관이 청구기간 내에 제기된 헌법소원심판청구 사건에서 청구기간을 오인하여 각하결정을 한 경우, 이에 대한 불복절차 내지 시정절차가 없는 때에는 국가배상책임(위법성)을 인정할 수 있다(대법원 2003. 7. 11. 99다24218).

PART 05

▶ 형사재판 과정에서 범죄사실의 존재를 증명함에 충분한 증거가 없다는 이유로 무죄판결이 확정되었다고 하더라도 그러한 사정만으로 바로 검사의 구속 및 공소제기가 위법하다고 할 수 없다(대법원 2002. 2. 22. 2001다23447).

▶ 원고의 무죄를 입증할 수 있는 결정적인 증거에 해당하는데도 검사가 그 감정서를 법원에 제출하지 아니하고 은폐하였다면 검사의 그와 같은 행위는 위법하다고 보아 국가배상책임을 인정한다(대법원 2002. 2. 22. 2001다23447).

▶ 공직선거법이 후보자가 되고자 하는 자와 그 소속 정당에게 전과기록을 조회할 권리를 부여하고 수사기관에 회보의무를 부과한 것은 단순히 유권자의 알권리 보호 등 공공 일반의 이익만을 위한 것이 아니라, 그와 함께 후보자가 되고자 하는 자가 자신의 피선거권 유무를 정확하게 확인할 수 있게 하고, 정당이 후보자가 되고자 하는 자의 범죄경력을 파악함으로써 부적격자를 공천함으로 인하여 생길 수 있는 정당의 신뢰도 하락을 방지할 수 있게 하는 등 개별적인 이익도 보호하기 위한 것이다. 따라서 범죄경력자료를 조회하여 범죄경력을 확인하고도 범죄경력조회 회보서에 이를 기재하지 않은 것은 공무원의 중과실이 인정되므로 국가배상책임 외에 공무원 개인의 배상책임까지 인정한다(대법원 2011. 9. 8. 2011다34521).

▶ 상수원수의 수질을 환경기준에 따라 유지하도록 규정하고 있는 관련 법령은 공공 일반의 전체적인 이익을 도모하기 위한 것이지, 국민 개개인의 안전과 이익을 직접적으로 보호하기 위한 규정이 아니므로 그 의무에 위반하여 국민에게 손해를 가하여도 국가 또는 지방자치단체는 배상책임을 부담하지 아니한다(대법원 2001. 10. 23. 99다36280).

4) 직무의 집행

직무행위 자체는 물론이고 객관적으로 보아 직무행위의 외형을 갖추고 있는 모든 행위를 의미한다. 즉, 공무원의 행위의 외관을 객관적으로 관찰하여 공무원의 직무행위로 보여질 때에는 그것이 실질적으로 직무행위에 해당하는지 여부나 행위자의 주관적 의사에 관계없이 그 행위는 공무원의 직무집행행위에 해당한다.

판례

직무집행은 직무행위에 부수하여 행하여지는 행위로서 직무와 밀접한 관련이 있는 것도 포함한다(대법원 1994. 5. 27. 94다6741).

5) 고의 또는 과실로 인한 행위

판례*

▶ 행정청이 관계 법령의 해석이 확립되기 전에 어느 한 견해를 취하여 업무를 처리한 것이 결과적으로 위법하게 되었다고 하더라도 처분 당시 그와 같은 처리방법 이상의 것을 성실한 평균적 공무원에게 기대하기 어려웠던 경우라면 특별한 사정이 없는 한 이를 두고 공무원의 과실로 인한 것이라고 볼 수는 없다 할 것이지만, 대법원의 판단으로 관계 법령의 해석이 확립되고 이를 충분히 인식할 수 있게 된 상태에서, 확립된 법령의 해석에 어긋나는 견해를 고집하여 계속하여 위법한 행정처분을 하거나 이에 준하는 행위로 평가될 수 있는 불이익을 처분상대방에게 주게 된다면, 이는 그 공무원의 고의 또는 과실로 인한 것이 되어 그 손해를 배상할 책임이 있다(대법원 2007. 5. 10. 2005다31828).

▶ 변호인의 접견신청을 허용하지 않고 변호인의 접견교통권을 침해한 경우에는 접견 불허결정을 한 공무원에게 고의나 과실이 있다(대법원 2018. 12. 27. 2016다266736).

▶ 행정처분이 후에 항고소송에서 취소되었다고 할지라도 그 행정처분이 곧바로 공무원의 고의 또는 과실로 인한 것으로서 불법행위를 구성한다고 단정할 수는 없는 것이고, 그 행정처분의 담당공무원이 보통 일반의 공무원을 표준으로 하여 볼 때 객관적 주의의무를 결하여 그 행정처분이 객관적 정당성을 상실하였다고 인정될 정도에 이른 경우에 국가배상법 제2조 소정의 국가배상책임의 요건을 충족하였다고 봄이 상당할 것이다(대법원 2000. 5. 12. 99다70600).

▶ 공무원이 재량준칙에 따라 처분을 한 경우에는 시행규칙에 정하여진 행정처분의 기준에 따른 것인 이상 결과적으로 그 처분이 재량을 일탈·남용하여 위법하게 되었다고 하더라도 과실이 없다(대법원 1994. 11. 8. 94다26141).

▶ 행정입법에 관여한 공무원이 입법 당시의 상황에서 다양한 요소를 고려하여 나름대로 합리적인 근거를 찾아 판단하였다면 공무원의 과실이 있다고 할 수는 없다(대법원 2013. 4. 26. 2011다14428).

6) 위법성(공무원의 법령 위반)

(1) 법령의 범위

판례*

▶ **법령 위반의 의미**

국가배상책임에 있어 공무원의 가해행위는 법령을 위반한 것이어야 하고, 법령을 위반하였다 함은 엄격한 의미의 법령 위반뿐 아니라 인권존중, 권력남용금지, 신의성실과 같이 공무원으로서 마땅히 지켜야 할 준칙이나 규범을 지키지 아니하고 위반한 경우를 포함하여 널리 그 행위가 객관적인 정당성을 결여하고 있음을 뜻하는 것이므로, 경찰관이 범죄수사를 함에 있어 경찰관으로서 의당 지켜야 할 법규상 또는 조리상의 한계를 위반하였다면 이는 법령을 위반한 경우에 해당한다(대법원 2008. 6. 12. 2007다64365).

(2) 부작위의 위법성

직무상 작위의무는 기속행위와 재량이 '0'으로 수축된 재량행위의 경우에는 일반적으로 인정된다. 또한 이러한 작위의무는 조리에 의해서도 성립할 수 있다.

> **판례**
>
> ▶ 국민의 생명·신체·재산 등을 보호하는 것을 본래적 사명으로 하는 국가가 그 위험 배제에 나서지 않으면 국민의 생명·신체·재산 등을 보호할 수 없는 경우에는 형식적 의미의 법령에 근거가 없더라도 국가나 관련 공무원에 대하여 그러한 위험을 배제할 작위의무를 인정할 수 있다(대법원 2020. 5. 28. 2017다211559).
>
> ▶ 윤락업소 화재 사건으로 사망한 윤락녀의 유족들이 국가를 상대로 제기한 손해배상청구 사건에서, 경찰관의 직무상 의무위반행위를 이유로 국가의 위자료 지급책임을 인정하였다(대법원 2004. 9. 23. 2003다49009). 또한 소방공무원도 직무상 의무위반행위에 해당한다(대법원 2008. 4. 10. 2005다48994).
> → **비교** 지방자치단체의 담당 공무원은 상당인과관계가 없다.

(3) 절차상 위법도 국가배상법상의 법령 위반에 해당한다. 다만, 절차상 위법하지만 실체상 적법하여 실질적으로 손해가 발생하였다고 볼 수 없다면 국가배상책임이 인정될 수 없다.

7) 손해의 발생

손해는 적극적 손해, 소극적 손해, 정신적 손해, 생명·신체·재산에 대한 손해 등 모든 손해를 포함한다.

2. 배상책임

1) 배상책임의 성질

책임의 성질	• 경과실: 국가의 자기책임 • 고의·중과실: 대외적으로 국가의 자기책임
피해자의 선택적 청구 (공무원의 외부적 책임)	• 경과실: 부정 • 고의·중과실: 긍정(직무행위의 외관이 있는 경우)
국가의 구상권 (공무원의 내부적 책임)	• 경과실: 부정 • 고의·중과실: 긍정

판례

▶ 배상책임의 성질

헌법 제29조 제1항 단서는 공무원이 한 직무상 불법행위로 인하여 국가 등이 배상책임을 진다고 할지라도 그 때문에 공무원 자신의 민·형사책임이나 징계책임이 면제되지 아니한다는 원칙을 규정한 것이나, 그 조항 자체로 공무원 개인의 구체적인 손해배상책임의 범위까지 규정한 것으로 보기는 어렵다.

공무원이 직무수행 중 불법행위로 타인에게 손해를 입힌 경우에 국가 등이 국가배상책임을 부담하는 외에 공무원 개인도 고의 또는 중과실이 있는 경우에는 불법행위로 인한 손해배상책임을 진다고 할 것이지만, 공무원에게 경과실뿐인 경우에는 공무원 개인은 손해배상책임을 부담하지 아니한다(대법원 1996. 2. 15. 95 다38677 전원합의체).

2) 배상책임자

⑴ 국가 또는 지방자치단체

공무원이 소속된 국가 또는 지방자치단체이다. 국민은 '선임·감독자'와 '비용부담자'에 대하여 선택적 배상청구가 가능하다.

판례

▶ 지방자치단체의 장이 기관위임된 국가행정사무를 처리하는 경우 그에 소요되는 경비의 실질적·궁극적 부담자는 국가라고 하더라도 당해 지방자치단체는 국가로부터 내부적으로 교부된 금원으로 그 사무에 필요한 경비를 대외적으로 지출하는 자이므로, 이러한 경우 지방자치단체는 국가배상법 제6조 제1항 소정의 비용부담자로서 공무원의 불법행위로 인한 같은 법에 의한 손해를 배상할 책임이 있다(대법원 1994. 12. 9. 94다38137).

▶ 지방자치단체장이 설치하여 관할 지방경찰청장에게 관리권한이 위임된 교통신호기의 고장으로 인하여 교통사고가 발생한 경우, 지방자치단체뿐만 아니라 국가도 손해배상책임을 진다(대법원 1999. 6. 25. 99다 11120).

⑵ 공무원의 국가에 대한 구상권

피해자에게 개인책임이 없는 경과실로 손해를 입힌 공무원이 피해자에게 손해를 직접 배상했다면 공무원은 원칙적으로 국가에 대해 구상권을 취득한다.

3) 배상청구권의 양도·압류 금지

배상청구권 중 생명·신체의 침해로 인한 국가배상을 받을 권리는 양도하거나 압류하지 못한다. 다만, 배상청구권 중 재산의 침해로 인한 국가배상을 받을 권리는 양도하거나 압류할 수 있다.

4) 배상청구권의 소멸시효

(1) 손해 및 가해자를 안 경우

피해자가 손해 및 가해자를 안 날로부터 3년간 행사하지 않으면 시효로 소멸한다.

(2) 피해자가 손해 및 가해자를 알지 못한 경우

5년간 행사하지 않으면 시효로 소멸한다.

> **판례**
>
> 국가에게 국민을 보호할 의무가 있다는 사유만으로 국가가 소멸시효의 완성을 주장하는 것 자체가 신의성실의 원칙에 반하여 권리남용에 해당한다고 할 수는 없다(대법원 2008. 5. 29. 2004다33469).

3. 자동차손해배상 보장법상의 책임 - 무과실책임

자동차손해배상 보장법상 배상책임이 인정되면 이를 국가배상법에 우선하여 적용한다.

관용차를 직무로 운행하다가 인적 손해가 발생	관용차를 사적 용도로 운행하다가 인적 손해가 발생	개인 차량을 직무로 운행하다가 인적 손해가 발생	개인 차량을 사적 용도로 운행하다가 인적 손해가 발생
• 국가 등: 자배법상의 운행자 책임 ○ • 공무원: 고의·중과실이 있는 경우 국가배상법상 책임 ○	개별 사안에 따라 판단	• 공무원: 자배법상의 운행자 책임 ○ • 국가 등: 국가배상법상 책임 ○(직무관련성 ○)	• 공무원: 자배법상의 운행자 책임 ○ • 국가 등: 국가배상법상 책임 ×(직무관련성 ×)

이중배상금지의 원칙

1. 성립요건

1) 적용대상자

이중배상금지 대상자에 해당 ○	이중배상금지 대상자에 해당 ×
• 향토예비군 • 전투경찰순경	• 공익근무요원 • 현역병으로 입영하여 경비교도로 전임된 자

2) 전투 · 훈련 등 직무집행과 관련한 손해일 것

판례

국가배상법 제2조 제1항 단서의 면책조항은 전투·훈련 또는 이에 준하는 직무집행뿐만 아니라 '일반 직무집행'에 관하여도 적용된다(대법원 2011. 3. 10. 2010다85942).

3) 군인연금법 등의 다른 법령에 의한 지급을 받을 수 있을 것

이중배상금지규정에 해당하는 자도 다른 법령에 의한 보상을 지급받을 수 없는 경우에는 국가배상법에 따라 청구할 수 있다. 다만 다른 법령에 의한 보상을 받을 수 있었으나 그 청구권이 시효로 소멸한 경우에는 국가배상청구를 할 수 없다.

판례

군인연금법상의 재해보상 등을 받을 수 있는 장애등급에도 해당하지 않는 자는 국가배상을 청구할 수 있다(대법원 1997. 2. 14. 96다28066).

2. 이중배상금지 대상자에 해당하는 자가 손해배상금을 지급받은 경우

판례

▶ 국가배상법에 따라 손해배상을 받았다는 사정을 들어 보상금 등 보훈급여금의 지급을 거부할 수 없다(대법원 2017. 2. 3. 2015두60075).

▶ 국가배상법에 따라 손해배상을 받았다면, 군인연금법이 정하고 있는 급여의 지급을 거부할 수 있다(대법원 2018. 7. 20. 2018두36691).

3. 공동불법행위에서의 구상권 문제

일반인과 군인 등의 과실이 경합하여 제3자인 군인에게 피해를 입힌 경우 가해자인 일반인은 자신의 과실부분에 한하여 손해배상을 하면 된다. 이 경우에 일반인이 자신의 과실부분을 초과하여 국가의 책임부분까지 배상한 경우에도 국가에 대해 구상권을 행사할 수 없다(대법원 입장).

Chapter 04

영조물의 설치·관리상의 하자로 인한 손해배상

1. 공공의 영조물

> **판례**
>
> "공공의 영조물"이라 함은 일반공중의 자유로운 사용에 직접적으로 제공되는 공공용물에 한하지 아니하고, 행정주체 자신의 사용에 제공되는 공용물도 포함하며 국가 또는 지방자치단체가 소유권, 임차권 그밖의 권한에 기하여 관리하고 있는 경우뿐만 아니라 사실상의 관리를 하고 있는 경우도 포함한다(대법원 1995. 1. 24. 94다45302).

2. 설치 또는 관리의 하자

공공의 영조물의 설치 또는 관리의 하자는 물적 하자뿐만 아니라 기능적 하자와 이용상의 하자도 포함한다.

> **판례**
>
> 영조물을 구성하는 물적 시설 그 자체에 있는 물리적·외형적 흠결이나 불비로 인하여 그 이용자에게 위해를 끼칠 위험성이 있는 경우뿐만 아니라, 그 영조물이 공공의 목적에 이용됨에 있어 그 이용 상태 및 정도가 일정한 한도를 초과하여 제3자에게 사회통념상 수인할 것이 기대되는 한도를 넘는 피해를 입히는 경우까지 포함된다(대법원 2005. 1. 27. 2003다49566).

3. 하자의 판단

영조물이 통상 갖추어야 할 안정성을 갖추었는지 여부를 기준으로 판단한다. 따라서 공물에 자연력 기타 제3자의 과실이 결합된 경우에는 당해 결함을 제거할 방호조치의무가 인정되는지 여부와 그러한 방호조치를 취할 시간적 여유(예견가능성 및 회피가능성)가 있었는지를 고려하여 판단하여야 한다.

> **판례**
>
> ▶ 고등학교 3학년 학생이 교사의 단속을 피해 담배를 피우기 위하여 3층 건물 화장실 밖의 난간을 지나다가 실족하여 사망한 사안에서 학교 관리자에게 그와 같은 이례적인 사고가 있을 것을 예상하여 복도나 화장실 창문에 난간으로의 출입을 막기 위하여 출입금지장치나 추락위험을 알리는 경고표지판을 설치할 의무가 있다고 볼 수는 없다는 이유로 학교시설의 설치·관리상의 하자가 없다(대법원 1997. 5. 16. 96다54102).

▶ 손해발생의 예견가능성이나 회피가능성이 없다면 영조물의 하자를 인정할 수 없다(대법원 2001. 7. 27. 2000다56822).

▶ 통상 예측하기 어려운 사고에 대하여는 설치·관리상의 하자를 인정할 수 없다(대법원 2002. 8. 23. 2002다9158).

▶ 위험의 존재를 인식하면서 굳이 위험으로 인한 피해를 용인하였다고 볼 수 없는 경우에는 손해배상액의 산정에 있어 형평의 원칙상 과실상계에 준하여 감액사유로 고려하는 것이 상당하다(대법원 2005. 1. 27. 2003다49566).

4. 타인에게 손해가 발생할 것

영조물의 설치·관리상의 하자로 인하여 손해가 발생하여야 하고, 이 경우 영조물의 하자와 손해 사이에는 상당인과관계가 인정되어야 한다.

5. 면책사유

1) 불가항력

판례

▶ 적설지대가 아닌 지역의 도로 또는 고속도로 등 특수 목적의 도로가 아닌 일반 도로에서 강설로 인하여 발생한 도로통행상의 위험을 즉시 배제하여 그 안전성을 확보할 의무가 도로의 설치·관리자에게 있다고 할 수 없다(대법원 2000. 4. 25. 99다54998).

▶ 100년 발생빈도의 강우량을 기준으로 책정된 계획홍수위를 초과하여 600년 또는 1,000년 발생빈도의 강우량에 의한 하천의 범람은 예측가능성 및 회피가능성이 없는 불가항력적인 재해로서 그 영조물의 관리청에게 책임을 물을 수 없다(대법원 2003. 10. 23. 2001다48057).

▶ 50년 빈도의 최대강우량은 불가항력에 기인한 것으로 볼 수 없다(대법원 2000. 5. 26. 99다53247).

2) 예산부족

예산부족의 문제는 참작사유에는 해당할 수 있지만 절대적 면책사유는 되지 못한다.

6. 영조물의 하자와 공무원의 직무상 불법행위가 경합한 경우

피해자는 국가배상법 제2조와 제5조를 선택적으로 주장하여 청구를 할 수 있다. 불가항력 등 영조물책임의 감면사유가 있는 경우에도 공무원의 과실로 피해가 확대된 경우에는 그 한도에서 제2조의 배상책임이 성립된다.

Chapter 05 손해배상청구의 절차

1. 임의적 결정전치주의

배상심의회의 심의를 거치지 않고 국가배상소송을 제기할 수 있다.

2. 배상심의회의 결정

국가배상법에 의한 배상심의회의 결정은 행정처분이 아니므로 행정소송의 대상이 아니다. 신청인은 배상결정에 동의하여 배상금을 수령한 후에도 배상액증액을 요구하는 소송이 가능하다.

3. 사법절차에 의한 배상청구

판례는 국가배상법을 사법으로 보아 국가배상청구권을 사권으로 파악한다. 따라서 국가배상 청구소송을 민사소송으로 처리하고 있다.

행정상 손실보상

1. 의의

공공필요에 의한 적법한 공권력 행사에 의하여 개인의 재산에 가하여진 특별한 희생에 대하여 전체적인 평등부담의 견지에서 행하여지는 재산적 보상을 말한다.

2. 손실보상의 근거

> **헌법 제23조** ① 모든 국민의 재산권은 보장된다. 그 내용과 한계는 법률로 정한다.
> ② 재산권의 행사는 공공복리에 적합하도록 하여야 한다.
> ③ 공공필요에 의한 재산권의 수용 · 사용 또는 제한 및 그에 대한 보상은 법률로써 하되, 정당한 보상을 지급하여야 한다.

3. 손실보상청구권의 법적 성질

판례

▶ 손실보상청구권의 법적 성질은 사권이다(대법원 2004. 9. 24. 2002다68713).

▶ 하천법 규정에 의한 보상청구권의 소멸시효가 만료된 하천구역의 편입토지 보상에 관한 특별조치법에서 정하고 있는 손실보상청구권의 법적 성질은 공권이고 그 쟁송절차는 당사자소송이다(대법원 2006. 5. 18. 2004다6207 전원합의체).

▶ 토지보상법상 사업폐지 등에 대한 보상청구권은 공법상 권리이다(대법원 2012. 10. 11. 2010다23210).

4. 재산권

재산권은 재산적 가치가 있는 모든 권리를 포함한다. 다만, 현존하는 재산적 가치가 대상이므로 기대이익이나 자연적 · 문화적 · 학술적 가치 등은 원칙적으로 손실보상의 대상인 재산권이 아니며, 생명 · 신체와 같은 비재산적 권리도 손실보상의 대상이 아니다.

5. 헌법상의 보상기준(정당한 보상의 의미)

정당한 보상은 상당한 보상이 아니라 완전보상을 의미한다. 따라서 잔여건물의 가치하락분에 대한 보상, 즉 감가보상도 포함하여야 한다.

그러나 개발이익은 완전보상에 포함되지 않는다. 보상 범위에 포함되지 않는 개발이익은 당해 공공사업으로 인한 개발이익을 의미하며 당해 공공사업과 관계없는 다른 사업의 시행으로 인한 개발이익은 배제하지 않는다.

판례

토지수용으로 인한 손실보상액을 산정함에 있어서는 당해 공공사업의 시행을 직접 목적으로 하는 계획의 승인, 고시로 인한 가격변동은 이를 고려함이 없이 수용재결 당시의 가격을 기준으로 하여 적정가격을 정하여야 한다(대법원 1993. 9. 10. 93누5543).

6. 공익사업을 위한 토지 등의 취득 및 보상에 관한 법률(토지보상법)상의 보상기준

1) 공용수용 또는 사용의 절차

(1) 사업인정

제20조 【사업인정】① 사업시행자는 제19조에 따라 토지등을 수용하거나 사용하려면 대통령령으로 정하는 바에 따라 국토교통부장관의 사업인정을 받아야 한다.

제22조 【사업인정의 고시】① 국토교통부장관은 제20조에 따른 사업인정을 하였을 때에는 지체 없이 그 뜻을 사업시행자, 토지소유자 및 관계인, 관계 시·도지사에게 통지하고 사업시행자의 성명이나 명칭, 사업의 종류, 사업지역 및 수용하거나 사용할 토지의 세목을 관보에 고시하여야 한다.
③ 사업인정은 제1항에 따라 고시한 날부터 그 효력이 발생한다.

제23조 【사업인정의 실효】① 사업시행자가 제22조 제1항에 따른 사업인정의 고시(이하 "사업인정고시"라 한다)가 된 날부터 1년 이내에 제28조 제1항에 따른 재결신청을 하지 아니한 경우에는 사업인정고시가 된 날부터 1년이 되는 날의 다음 날에 사업인정은 그 효력을 상실한다.

판례

사업인정은 행정처분의 성격을 띠는 것으로서 일종의 공법상의 권리로서의 효력을 발생시킨다. 사업인정 단계에서의 하자를 다투지 아니하여 이미 쟁송기간이 도과한 수용재결단계에 있어서는 위 사업인정처분에 중대하고 명백한 하자가 있어 당연무효라고 볼만한 특단의 사정이 없다면 그 처분의 불가쟁력에 의하여 사업인정처분의 위법, 부당함을 이유로 수용재결처분의 취소를 구할 수 없다(대법원 1987. 9. 8. 87누395).

(2) 협의전치주의(사법상 계약)

> **제26조 【협의 등 절차의 준용】** ① 제20조에 따른 사업인정을 받은 사업시행자는 토지조서 및 물건조서의 작성, 보상계획의 공고·통지 및 열람, 보상액의 산정과 토지소유자 및 관계인과의 협의 절차를 거쳐야 한다.
>
> **제29조 【협의 성립의 확인】** ① 사업시행자와 토지소유자 및 관계인 간에 제26조에 따른 절차를 거쳐 협의가 성립되었을 때에는 사업시행자는 제28조 제1항에 따른 재결 신청기간 이내에 해당 토지소유자 및 관계인의 동의를 받아 대통령령으로 정하는 바에 따라 관할 토지수용위원회에 협의 성립의 확인을 신청할 수 있다.
> ④ 제1항 및 제3항에 따른 확인은 이 법에 따른 재결로 보며, 사업시행자, 토지소유자 및 관계인은 그 확인된 협의의 성립이나 내용을 다툴 수 없다.

(3) 수용재결

> **제28조 【재결의 신청】** ① 제26조에 따른 협의가 성립되지 아니하거나 협의를 할 수 없을 때(제26조 제2항 단서에 따른 협의 요구가 없을 때를 포함한다)에는 사업시행자는 사업인정고시가 된 날부터 1년 이내에 대통령령으로 정하는 바에 따라 관할 토지수용위원회에 재결을 신청할 수 있다.
>
> **제30조 【재결 신청의 청구】** ① 사업인정고시가 된 후 협의가 성립되지 아니하였을 때에는 토지소유자와 관계인은 대통령령으로 정하는 바에 따라 서면으로 사업시행자에게 재결을 신청할 것을 청구할 수 있다.
> ② 사업시행자는 제1항에 따른 청구를 받았을 때에는 그 청구를 받은 날부터 60일 이내에 대통령령으로 정하는 바에 따라 관할 토지수용위원회에 재결을 신청하여야 한다.

토지수용위원회의 수용재결은 행정심판의 재결이 아니라 최초의 처분에 해당한다. 신청은 사업시행자만 할 수 있으며 소유자 등은 사업시행자에게 수용재결신청을 청구할 수 있다.

(4) 이의신청(특별행정심판)

> **제83조 【이의의 신청】** ① 중앙토지수용위원회의 제34조에 따른 재결에 이의가 있는 자는 중앙토지수용위원회에 이의를 신청할 수 있다.
> ② 지방토지수용위원회의 제34조에 따른 재결에 이의가 있는 자는 해당 지방토지수용위원회를 거쳐 중앙토지수용위원회에 이의를 신청할 수 있다.
> ③ 제1항 및 제2항에 따른 이의의 신청은 재결서의 정본을 받은 날부터 30일 이내에 하여야 한다.
>
> **제84조 【이의신청에 대한 재결】** ① 중앙토지수용위원회는 제83조에 따른 이의신청을 받은 경우 제34조에 따른 재결이 위법하거나 부당하다고 인정할 때에는 그 재결의 전부 또는 일부를 취소하거나 보상액을 변경할 수 있다.
> ② 제1항에 따라 보상금이 늘어난 경우 사업시행자는 재결의 취소 또는 변경의 재결서 정본을 받은 날부터 30일 이내에 보상금을 받을 자에게 그 늘어난 보상금을 지급하여야 한다. 다만, 제40조 제2항 제1호·제2호 또는 제4호에 해당할 때에는 그 금액을 공탁할 수 있다.

토지수용위원회의 수용재결에 대한 이의절차는 실질적으로 행정심판의 성질을 갖는 것이므로 토지수용법에 특별한 규정이 있는 것을 제외하고는 행정심판법의 규정이 적용된다.

(5) 행정소송

> **제85조【행정소송의 제기】** ① 사업시행자, 토지소유자 또는 관계인은 제34조에 따른 재결에 불복할 때에는 재결서를 받은 날부터 90일 이내에, 이의신청을 거쳤을 때에는 이의신청에 대한 재결서를 받은 날부터 60일 이내에 각각 행정소송을 제기할 수 있다. 이 경우 사업시행자는 행정소송을 제기하기 전에 제84조에 따라 늘어난 보상금을 공탁하여야 하며, 보상금을 받을 자는 공탁된 보상금을 소송이 종결될 때까지 수령할 수 없다.
> ② 제1항에 따라 제기하려는 행정소송이 보상금의 증감(增減)에 관한 소송인 경우 그 소송을 제기하는 자가 토지소유자 또는 관계인일 때에는 사업시행자를, 사업시행자일 때에는 토지소유자 또는 관계인을 각각 피고로 한다.

이의신청은 임의적 절차이다(임의적 전치주의). 따라서 토지수용위원회의 재결에 불복이 있는 자는 이의신청을 거치지 아니하고 바로 행정소송을 제기할 수 있다. 토지소유자 등이 수용 여부 자체에 불복하여 수용결정 자체를 대상으로 하는 때는 토지수용위원회를 피고로 취소소송을 제기하며, 보상액결정에 불복할 때는 사업시행자를 피고로 보상액증감청구소송(형식적 당사자소송)을 제기할 수 있다.

이의신청을 거친 때에는 수용재결을 대상으로 행정소송을 제기할 수 있으며, 이의재결에 고유한 위법이 있다면 그 이의재결에 대해 행정소송을 제기할 수 있다.

2) 공용수용의 효과

사업시행자의 소유권 취득은 원권리자의 소유권을 승계취득하는 것이 아니라 원시취득하는 것이다. 따라서 아무런 부담이나 하자가 없는 소유권을 취득한다.

3) 환매

> **제91조【환매권】** ① 공익사업의 폐지·변경 또는 그 밖의 사유로 취득한 토지의 전부 또는 일부가 필요 없게 된 경우 토지의 협의취득일 또는 수용의 개시일(이하 이 조에서 "취득일"이라 한다) 당시의 토지소유자 또는 그 포괄승계인(이하 "환매권자"라 한다)은 다음 각 호의 구분에 따른 날부터 10년 이내에 그 토지에 대하여 받은 보상금에 상당하는 금액을 사업시행자에게 지급하고 그 토지를 환매할 수 있다.
>   1. 사업의 폐지·변경으로 취득한 토지의 전부 또는 일부가 필요 없게 된 경우 : 관계 법률에 따라 사업이 폐지·변경된 날 또는 제24조에 따른 사업의 폐지·변경 고시가 있는 날
>   2. 그 밖의 사유로 취득한 토지의 전부 또는 일부가 필요 없게 된 경우 : 사업완료일
> ④ 토지의 가격이 취득일 당시에 비하여 현저히 변동된 경우 사업시행자와 환매권자는 환매금액에 대하여 서로 협의하되, 협의가 성립되지 아니하면 그 금액의 증감을 법원에 청구할 수 있다.

4) 보상

(1) 보상 방법

제61조【사업시행자 보상】 공익사업에 필요한 토지등의 취득 또는 사용으로 인하여 토지소유자나 관계인이 입은 손실은 사업시행자가 보상하여야 한다.

제62조【사전보상】 사업시행자는 해당 공익사업을 위한 공사에 착수하기 이전에 토지소유자와 관계인에게 보상액 전액(全額)을 지급하여야 한다. 다만, 제38조에 따른 천재지변 시의 토지 사용과 제39조에 따른 시급한 토지 사용의 경우 또는 토지소유자 및 관계인의 승낙이 있는 경우에는 그러하지 아니하다.

제63조【현금보상 등】 ① 손실보상은 다른 법률에 특별한 규정이 있는 경우를 제외하고는 현금으로 지급하여야 한다. 다만, 토지소유자가 원하는 경우로서 사업시행자가 해당 공익사업의 합리적인 토지이용계획과 사업계획 등을 고려하여 토지로 보상이 가능한 경우에는 토지소유자가 받을 보상금 중 본문에 따른 현금 또는 제7항 및 제8항에 따른 채권으로 보상받는 금액을 제외한 부분에 대하여 다음 각 호에서 정하는 기준과 절차에 따라 그 공익사업의 시행으로 조성한 토지로 보상할 수 있다.

제64조【개인별 보상】 손실보상은 토지소유자나 관계인에게 개인별로 하여야 한다. 다만, 개인별로 보상액을 산정할 수 없을 때에는 그러하지 아니하다.

제65조【일괄보상】 사업시행자는 동일한 사업지역에 보상시기를 달리하는 동일인 소유의 토지등이 여러 개 있는 경우 토지소유자나 관계인이 요구할 때에는 한꺼번에 보상금을 지급하도록 하여야 한다.

제66조【사업시행 이익과의 상계금지】 사업시행자는 동일한 소유자에게 속하는 일단(一團)의 토지의 일부를 취득하거나 사용하는 경우 해당 공익사업의 시행으로 인하여 잔여지(殘餘地)의 가격이 증가하거나 그 밖의 이익이 발생한 경우에도 그 이익을 그 취득 또는 사용으로 인한 손실과 상계(相計)할 수 없다.

제67조【보상액의 가격시점 등】 ① 보상액의 산정은 협의에 의한 경우에는 협의 성립 당시의 가격을, 재결에 의한 경우에는 수용 또는 사용의 재결 당시의 가격을 기준으로 한다.
② 보상액을 산정할 경우에 해당 공익사업으로 인하여 토지등의 가격이 변동되었을 때에는 이를 고려하지 아니한다.

(2) 보상 대상에 대한 평가

시행규칙 제22조【취득하는 토지의 평가】 ① 취득하는 토지를 평가함에 있어서는 평가대상토지와 유사한 이용가치를 지닌다고 인정되는 하나 이상의 표준지의 공시지가를 기준으로 한다.
② 토지에 건축물등이 있는 때에는 그 건축물등이 없는 상태를 상정하여 토지를 평가한다.

시행규칙 제23조【공법상 제한을 받는 토지의 평가】 ① 공법상 제한을 받는 토지에 대하여는 제한받는 상태대로 평가한다. 다만, 그 공법상 제한이 당해 공익사업의 시행을 직접 목적으로 하여 가하여진 경우에는 제한이 없는 상태를 상정하여 평가한다.

제77조【영업의 손실 등에 대한 보상】 ① 영업을 폐업하거나 휴업함에 따른 영업손실에 대하여는 영업이익과 시설의 이전비용 등을 고려하여 보상하여야 한다.

> **시행규칙 제64조 【공익사업시행지구밖의 영업손실에 대한 보상】** ① 공익사업시행지구밖에서 제45조에 따른 영업손실의 보상대상이 되는 영업을 하고 있는 자가 공익사업의 시행으로 인하여 다음 각 호의 어느 하나에 해당하는 경우에는 그 영업자의 청구에 의하여 당해 영업을 공익사업시행지구에 편입되는 것으로 보아 보상하여야 한다.
> 1. 배후지의 3분의 2 이상이 상실되어 그 장소에서 영업을 계속할 수 없는 경우
> 2. 진출입로의 단절, 그 밖의 부득이한 사유로 인하여 일정한 기간 동안 휴업하는 것이 불가피한 경우

5) 이주대책

(1) 이주대책은 이주자들에 대하여 종전의 생활상태를 원상으로 회복시키면서 동시에 인간다운 생활을 보장하여 주기 위한 이른바 생활보상의 일환으로 국가의 적극적인 정책적인 배려에 의하여 마련된 제도이다.

(2) 이주대책은 헌법 제23조 제3항의 정당한 보상에 포함되는 것이 아니다. 따라서 이주대책의 실시 여부는 입법자의 입법정책적 재량에 속한다.

(3) 허가를 받거나 신고를 하고 건축하여야 하는 건축물을 허가를 받지 아니하거나 신고를 하지 아니한 건축물의 소유자와 타인이 소유하는 건축물의 세입자는 이주대책의 대상에 포함하지 않는다.

(4) 사업시행자가 재량으로 이주대책의 대상자가 아닌 세입자를 이주대책 대상자로 포함시킬 수 있으며, 이러한 경우에는 세입자도 이주대책을 청구할 신청권을 가진다.

(5) 이주대책의 실시를 입법자가 결정한 경우 사업시행자는 이주대책을 수립할 의무를 진다. 이러한 경우 사업시행자는 이주대책의 내용 결정에 있어서는 재량권을 가진다.

(6) 이주자는 이주대책계획수립공고에 따라 이주대책 대상자 선정 신청을 하며, 사업시행자가 심사를 통해 이주대책 대상자로 확인·결정을 하여야 비로소 구체적인 수분양권을 가진다. 따라서 사업시행자의 이주대책 대상자 확인·결정은 항고소송의 대상이 되는 처분이다.

6) 사업손실(간접손실)보상

(1) 수입손실

판례

보상에 관한 명문의 법령이 없는 경우에도 피해자는 공공사업의 시행 결과 발생한 간접손실에 대하여 사업시행자에게 보상을 청구할 수 있다(대법원 1999. 10. 8. 99다27231).

(2) 잔여지 등 보상

> **제73조【잔여지의 손실과 공사비 보상】** ① 사업시행자는 동일한 소유자에게 속하는 일단의 토지의 일부가 취득되거나 사용됨으로 인하여 잔여지의 가격이 감소하거나 그 밖의 손실이 있을 때 또는 잔여지에 통로·도랑·담장 등의 신설이나 그 밖의 공사가 필요할 때에는 국토교통부령으로 정하는 바에 따라 그 손실이나 공사의 비용을 보상하여야 한다. 다만, 잔여지의 가격 감소분과 잔여지에 대한 공사의 비용을 합한 금액이 잔여지의 가격보다 큰 경우에는 사업시행자는 그 잔여지를 매수할 수 있다.
> ② 제1항 본문에 따른 손실 또는 비용의 보상은 관계 법률에 따라 사업이 완료된 날 또는 제24조의2에 따른 사업완료의 고시가 있는 날(이하 "사업완료일"이라 한다)부터 1년이 지난 후에는 청구할 수 없다.
>
> **제74조【잔여지 등의 매수 및 수용 청구】** ① 동일한 소유자에게 속하는 일단의 토지의 일부가 협의에 의하여 매수되거나 수용됨으로 인하여 잔여지를 종래의 목적에 사용하는 것이 현저히 곤란할 때에는 해당 토지소유자는 사업시행자에게 잔여지를 매수하여 줄 것을 청구할 수 있으며, 사업인정 이후에는 관할 토지수용위원회에 수용을 청구할 수 있다. 이 경우 수용의 청구는 매수에 관한 협의가 성립되지 아니한 경우에만 할 수 있으며, 사업완료일까지 하여야 한다.
> ② 제1항에 따라 매수 또는 수용의 청구가 있는 잔여지 및 잔여지에 있는 물건에 관하여 권리를 가진 자는 사업시행자나 관할 토지수용위원회에 그 권리의 존속을 청구할 수 있다.

판례

잔여지 수용청구권은 잔여지를 수용하는 토지수용위원회의 재결이 없더라도 그 청구에 의하여 수용의 효과가 발생하는 형성권적 성질을 가지므로, 잔여지 수용청구를 받아들이지 않은 토지수용위원회의 재결에 대하여 토지소유자가 불복하여 제기하는 소송은 위 법 제85조 제2항에 규정되어 있는 '보상금의 증감에 관한 소송'에 해당하여 사업시행자를 피고로 하여야 한다(대법원 2010. 8. 19. 2008두822).

행정사
이준희 행정법

행정심판

1. 의의

행정심판이란 행정청의 위법·부당한 처분이나 부작위로 인하여 권익이 침해된 자가 행정기관에 대해 시정을 구하는 일련의 쟁송절차를 말한다.

2. 성질

분쟁에 대한 심판작용이면서, 동시에 그 자체가 행정행위라는 이중적 성격을 가지고 있다.

> **헌법 제107조** ③ 재판의 전심절차로서 행정심판을 할 수 있다. 행정심판의 절차는 법률로 정하되, 사법절차가 준용되어야 한다.

판례

입법자가 행정심판을 전심절차가 아니라 종심절차로 규정함으로써 정식재판의 기회를 배제하거나, 어떤 행정심판을 필요적 전심절차로 규정하면서도 그 절차에 사법절차가 준용되지 않는다면 이는 헌법 제107조 제3항, 나아가 재판청구권을 보장하고 있는 헌법 제27조에도 위반된다(헌재 2000. 6. 1. 98헌바8).

3. 대상

1) 개괄주의

행정심판법은 특정 사항에 한정하지 않고 행정청의 위법·부당한 처분 또는 부작위에 대하여 일반적으로 행정심판을 제기할 수 있는 개괄주의를 채택하고 있다.

2) 행정심판의 대상이 아닌 경우

(1) 대통령의 처분 또는 부작위

대통령의 처분 또는 부작위에 대하여는 행정심판을 청구할 수 없다.

(2) 재심판청구의 금지

심판청구에 대한 재결이 있으면 그 재결 및 같은 처분 또는 부작위에 대하여 다시 행정심판을 청구할 수 없다.

4. 특별행정심판

행정심판법 제4조【특별행정심판 등】① 사안(事案)의 전문성과 특수성을 살리기 위하여 특히 필요한 경우 외에는 이 법에 따른 행정심판을 갈음하는 특별한 행정불복절차(이하 "특별행정심판"이라 한다)나 이 법에 따른 행정심판 절차에 대한 특례를 다른 법률로 정할 수 없다.
② 다른 법률에서 특별행정심판이나 이 법에 따른 행정심판 절차에 대한 특례를 정한 경우에도 그 법률에서 규정하지 아니한 사항에 관하여는 이 법에서 정하는 바에 따른다.
③ 관계 행정기관의 장이 특별행정심판 또는 이 법에 따른 행정심판 절차에 대한 특례를 신설하거나 변경하는 법령을 제정·개정할 때에는 미리 중앙행정심판위원회와 협의하여야 한다.

전문적인 분야	엄정한 심사가 필요한 분야	대량반복적인 경우
① 세무서장의 과세처분에 대한 심사청구 및 심판청구(국세청장 및 조세심판원)	① 국가·지방공무원의 징계처분에 대한 소청심사(소청심사위원회)	① 부당해고에 관한 구제명령에 대한 재심(중앙노동위원회)
② 특허처분에 대한 특허심판 및 재심(특허심판원)	② 교육공무원법상의 교원징계에 대한 소청심사(소청심사위원회)	② 국민건강보험금 급여결정에 대한 심판(건강보험분쟁조정위원회)
③ 토지수용재결에 대한 이의신청 (중앙토지수용위원회)	③ 감사원에 대한 심사청구 (감사원)	③ 고용보험급여결정에 대한 재심사(고용보험심사위원회)
④ 공정거래 관련 처분에 대한 이의신청(공정거래위원회)		④ 산재보험급여결정에 대한 재심사(산업재해보상보험재심사위원회)

단, 도로교통법상의 운전면허취소·정지처분에 대한 심판은 중앙행정심판위원회의 4인으로 구성된 소위원회에서 심리·의결한다.

5. 이의신청

대상	행정청의 처분(행정심판의 대상인 처분)
기간	처분을 받은 날부터 30일 이내
쟁송과의 관계	• 이의신청과 관계없이 행정심판 또는 행정소송을 제기할 수 있다. • 이의신청에 대한 결과를 통지받은 날(통지기간 내에 결과를 통지받지 못한 경우에는 통지기간이 만료되는 날의 다음 날)부터 90일 이내에 행정심판 또는 행정소송을 제기할 수 있다.

6. 행정심판의 종류

구분	취소심판	무효등확인심판	의무이행심판
개념	행정청의 위법 또는 부당한 처분의 취소 또는 변경을 구하는 심판	행정청의 처분의 효력 유무 또는 존재 여부에 대한 확인을 구하는 심판	행정청의 위법 또는 부당한 거부처분 또는 부작위로 인하여 권익의 침해를 당한 자의 청구에 의하여 일정한 처분을 하도록 하는 심판
청구기간 제한	○	×	• 거부처분: ○ • 부작위: ×
사정재결	○	×	○
인용재결	• 취소재결 • 변경재결 • 변경명령재결	• 처분무효확인재결 • 처분유효확인재결 • 처분실효확인재결 • 처분부존재확인재결 • 처분존재확인재결	• 처분재결 • 처분명령재결
실효성 확보수단	간접강제	간접강제	• 직접처분 • 간접강제

7. 행정심판위원회 설치와 종류

중앙행정심판위원회	① 국가행정기관의 장 또는 그 소속 행정청 ② 특별시·광역시·특별자치시·도·특별자치도의 장, 교육감, 의회
시·도지사 소속 행정심판위원회	① 시·도 소속 행정청 ② 시·도의 관할구역에 있는 시·군·자치구의 장, 소속 행정청, 의회
해당 행정청의 소속	① 감사원, 국가정보원장 등 ② 국회사무총장·법원행정처장·헌법재판소사무처장, 중앙선거관리위원회 사무총장 등 ③ 국가인권위원회 등
직근 상급행정기관	그 밖의 행정청
특별행정심판위원회	소청심사위원회, 조세심판원, 중앙토지수용위원회 등 (도로교통법상 행정심판 → 특별행정심판 ×)

8. 청구인

행정심판법
제13조【청구인 적격】① 취소심판은 처분의 취소 또는 변경을 구할 법률상 이익이 있는 자가 청구할 수 있다. 처분의 효과가 기간의 경과, 처분의 집행, 그 밖의 사유로 소멸된 뒤에도 그 처분의 취소로 회복되는 법률상 이익이 있는 자의 경우에도 또한 같다.
② 무효등확인심판은 처분의 효력 유무 또는 존재 여부의 확인을 구할 법률상 이익이 있는 자가 청구할 수 있다.
③ 의무이행심판은 처분을 신청한 자로서 행정청의 거부처분 또는 부작위에 대하여 일정한 처분을 구할 법률상 이익이 있는 자가 청구할 수 있다.
제14조【법인이 아닌 사단 또는 재단의 청구인 능력】법인이 아닌 사단 또는 재단으로서 대표자나 관리인이 정하여져 있는 경우에는 그 사단이나 재단의 이름으로 심판청구를 할 수 있다.

9. 피청구인

1) 행정청

행정심판법 제2조【정의】이 법에서 사용하는 용어의 뜻은 다음과 같다.
  4. "행정청"이란 행정에 관한 의사를 결정하여 표시하는 국가 또는 지방자치단체의 기관, 그 밖에 법령 또는 자치법규에 따라 행정권한을 가지고 있거나 위탁을 받은 공공단체나 그 기관 또는 사인(私人)을 말한다.

2) 피청구인 적격

행정심판법 제17조【피청구인의 적격 및 경정】① 행정심판은 처분을 한 행정청(의무이행심판의 경우에는 청구인의 신청을 받은 행정청)을 피청구인으로 하여 청구하여야 한다. 다만, 심판청구의 대상과 관계되는 권한이 다른 행정청에 승계된 경우에는 권한을 승계한 행정청을 피청구인으로 하여야 한다.

3) 피청구인 경정

피청구인 경정	행정심판법	행정소송법
잘못 지정	직권 또는 신청	신청
승계	직권 또는 신청	직권 또는 신청

10. 행정심판청구서의 제출

> **행정심판법 제23조 【심판청구서의 제출】** ① 행정심판을 청구하려는 자는 제28조에 따라 심판청구서를 작성하여 피청구인이나 위원회에 제출하여야 한다. 이 경우 피청구인의 수만큼 심판청구서 부본을 함께 제출하여야 한다.
> ② 행정청이 제58조에 따른 고지를 하지 아니하거나 잘못 고지하여 청구인이 심판청구서를 다른 행정기관에 제출한 경우에는 그 행정기관은 그 심판청구서를 지체 없이 정당한 권한이 있는 피청구인에게 보내야 한다.
> ③ 제2항에 따라 심판청구서를 보낸 행정기관은 지체 없이 그 사실을 청구인에게 알려야 한다.
> ④ 제27조에 따른 심판청구 기간을 계산할 때에는 제1항에 따른 피청구인이나 위원회 또는 제2항에 따른 행정기관에 심판청구서가 제출되었을 때에 행정심판이 청구된 것으로 본다.

판례

‘진정서’라는 제목의 서면 제출을 행정심판청구로 볼 수 있다(대법원 2000. 6. 9. 98두2621).

11. 청구기간

> **행정심판법 제27조 【심판청구의 기간】** ① 행정심판은 처분이 있음을 알게 된 날부터 90일 이내에 청구하여야 한다.
> ② 청구인이 천재지변, 전쟁, 사변, 그 밖의 불가항력으로 인하여 제1항에서 정한 기간에 심판청구를 할 수 없었을 때에는 그 사유가 소멸한 날부터 14일 이내에 행정심판을 청구할 수 있다. 다만, 국외에서 행정심판을 청구하는 경우에는 그 기간을 30일로 한다.
> ③ 행정심판은 처분이 있었던 날부터 180일이 지나면 청구하지 못한다. 다만, 정당한 사유가 있는 경우에는 그러하지 아니하다.
> ④ 제1항과 제2항의 기간은 불변기간으로 한다.
> ⑤ 행정청이 심판청구 기간을 제1항에 규정된 기간보다 긴 기간으로 잘못 알린 경우 그 잘못 알린 기간에 심판청구가 있으면 그 행정심판은 제1항에 규정된 기간에 청구된 것으로 본다.
> ⑥ 행정청이 심판청구 기간을 알리지 아니한 경우에는 제3항에 규정된 기간에 심판청구를 할 수 있다.
> ⑦ 제1항부터 제6항까지의 규정은 무효등확인심판청구와 부작위에 대한 의무이행심판청구에는 적용하지 아니한다.

판례

▶ **고시 또는 공고에 의하여 행정처분을 하는 경우, 그에 대한 취소소송의 제소기간의 기산일은 고시 또는 공고의 효력발생일이다.**

통상 고시 또는 공고에 의하여 행정처분을 하는 경우에는 그 처분의 상대방이 불특정 다수인이고, 그 처분의 효력이 불특정 다수인에게 일률적으로 적용되는 것이므로, 그 행정처분에 이해관계를 갖는 자는 고시 또는 공고가 있었다는 사실을 현실적으로 알았는지 여부에 관계없이 고시가 효력을 발생하는 날에 행정처분이 있음을 알았다고 보아야 하고, 따라서 그에 대한 취소소송은 그 날로부터 90일 이내에 제기하여야 한다(대법원 2006. 4. 14. 2004두3847).

▶ 제3자의 정당한 사유가 인정되는 경우

행정심판법 제18조 제3항에 의하면 행정처분의 상대방이 아닌 제3자라도 처분이 있은 날로부터 180일을 경과하면 행정심판청구를 제기하지 못하는 것이 원칙이지만, 다만 정당한 사유가 있는 경우에는 그러하지 아니하도록 규정되어 있는바, 행정처분의 직접 상대방이 아닌 제3자는 일반적으로 처분이 있는 것을 바로 알 수 없는 처지에 있으므로, 위와 같은 심판청구기간 내에 심판청구를 제기하지 아니하였다고 하더라도, 그 기간 내에 처분이 있은 것을 알았거나 쉽게 알 수 있었기 때문에 심판청구를 제기할 수 있었다고 볼 만한 특별한 사정이 없는 한, 위 법조항 본문의 적용을 배제할 "정당한 사유"가 있는 경우에 해당한다고 보아 위와 같은 심판청구기간이 경과한 뒤에도 심판청구를 제기할 수 있다(대법원 1992. 7. 28. 91누12844).

12. 집행정지

> **행정심판법 30조【집행정지】** ① 심판청구는 처분의 효력이나 그 집행 또는 절차의 속행(續行)에 영향을 주지 아니한다.
> ② 위원회는 처분, 처분의 집행 또는 절차의 속행 때문에 중대한 손해가 생기는 것을 예방할 필요성이 긴급하다고 인정할 때에는 직권으로 또는 당사자의 신청에 의하여 처분의 효력, 처분의 집행 또는 절차의 속행의 전부 또는 일부의 정지(이하 "집행정지"라 한다)를 결정할 수 있다. 다만, 처분의 효력정지는 처분의 집행 또는 절차의 속행을 정지함으로써 그 목적을 달성할 수 있을 때에는 허용되지 아니한다.
> ③ 집행정지는 공공복리에 중대한 영향을 미칠 우려가 있을 때에는 허용되지 아니한다.

13. 임시처분

> **행정심판법 제31조【임시처분】** ① 위원회는 처분 또는 부작위가 위법 · 부당하다고 상당히 의심되는 경우로서 처분 또는 부작위 때문에 당사자가 받을 우려가 있는 중대한 불이익이나 당사자에게 생길 급박한 위험을 막기 위하여 임시지위를 정하여야 할 필요가 있는 경우에는 직권으로 또는 당사자의 신청에 의하여 임시처분을 결정할 수 있다.
> ② 제1항에 따른 임시처분에 관하여는 제30조 제3항부터 제7항까지를 준용한다. 이 경우 같은 조 제6항 전단 중 "중대한 손해가 생길 우려"는 "중대한 불이익이나 급박한 위험이 생길 우려"로 본다.
> ③ 제1항에 따른 임시처분은 제30조 제2항에 따른 집행정지로 목적을 달성할 수 있는 경우에는 허용되지 아니한다.

14. 심리

1) 요건심리

(1) 개념

행정심판을 청구하는 데 있어 필요한 형식적 요건을 충족하고 있는지를 심사하는 것을 말한다. 부적법한 경우는 재결로 각하한다.

(2) 법적 성질

행정심판청구 요건은 직권조사사항이다. 따라서 당사자의 주장이 없어도 위원회는 직권으로 조사할 수 있다.

(3) 판단의 시기

행정심판청구 요건 여부는 재결시를 기준으로 판단한다. 따라서 요건심리와 본안심리는 항상 시간적으로 전후관계에 있는 것은 아니다. 예컨대, 본안심리 중에서도 심판청구의 형식적 요건에 흠이 발견되면 언제든지 각하재결을 할 수 있다.

2) 본안심리

본안심리란 심판청구의 본안, 즉 심판청구인의 청구의 당부에 대한 심리를 말한다. 이는 심판청구가 적법한 경우에 심판청구인의 청구의 당부에 대하여 실질적으로 심사하는 것을 말한다. 심리결과 청구가 이유 있으면 인용, 이유 없으면 기각한다.

3) 범위

> **행정심판법 제47조 【재결의 범위】** ① 위원회는 심판청구의 대상이 되는 처분 또는 부작위 외의 사항에 대하여는 재결하지 못한다.
> ② 위원회는 심판청구의 대상이 되는 처분보다 청구인에게 불리한 재결을 하지 못한다.

(1) 불고불리의 원칙

행정심판의 심리에 있어서는 심판이 청구된 처분이나 부작위 이외의 사항에 대해서는 심리하지 못하는 것을 말한다.

(2) 불이익변경금지의 원칙

심판청구의 대상이 되는 처분보다 청구인에게 불이익하게 심리하지 못하는 것을 말한다.

(3) 법률문제, 재량문제, 사실문제

행정처분이나 부작위의 위법·적법 여부뿐만 아니라 공익에의 부합 여부인 당·부당의 재량문제나 사실문제도 심리할 수 있다.

4) 위법성 판단 시기

적극적 처분의 경우에 원칙적으로 처분시를 기준으로 위법 또는 부당 여부를 판단한다. 거부처분 또는 부작위의 경우에는 과거에 행하여진 거부처분이나 부작위를 계속 유지하는 것이 위법·부당한지 여부가 판단의 핵심이므로 재결시를 기준으로 위법 또는 부당 여부를 판단한다.

5) 기본원칙

(1) 대심주의(당사자주의)

행정심판법은 서로 대립하는 당사자인 청구인과 피청구인의 공격과 방어를 바탕으로 하여 심리를 진행시키는 대심주의(당사자주의)를 취하고 있다.

(2) 처분권주의

행정심판의 개시, 진행(대상과 범위), 종료에 대하여 당사자가 주도권을 가지고 이들에 대하여 자유로이 결정할 수 있는 원칙을 말한다. 공익적 견지에서 심판청구기간이 제한되고, 청구인낙 등이 부인되는 등 처분권주의는 일정 부분 제한을 받고 있다.

(3) 직권심리주의(직권탐지주의)의 보충

> **행정심판법 제39조【직권심리】** 위원회는 필요하면 당사자가 주장하지 아니한 사실에 대하여도 심리할 수 있다.

(4) 구술심리주의 또는 서면심리주의

> **행정심판법 제40조【심리의 방식】** ① 행정심판의 심리는 구술심리나 서면심리로 한다. 다만, 당사자가 구술심리를 신청한 경우에는 서면심리만으로 결정할 수 있다고 인정되는 경우 외에는 구술심리를 하여야 한다.

(5) 비공개주의

행정심판법에는 이에 관한 명문규정은 없다. 다만, 행정심판법이 직권심리주의 및 서면심리주의 규정 등을 둔 점을 고려할 때 비공개주의를 채택하고 있다고 보는 것이 타당하다.

PART · 06

6) 처분사유 추가 · 변경

> **판례**
>
> 행정처분의 취소를 구하는 항고소송에서 처분청은 당초 처분의 근거로 삼은 사유와 기본적 사실관계가 동일성이 있다고 인정되는 한도 내에서만 다른 사유를 추가 또는 변경할 수 있고, 이러한 기본적 사실관계의 동일성 유무는 처분사유를 법률적으로 평가하기 이전의 구체적 사실에 착안하여 그 기초인 사회적 사실관계가 기본적인 점에서 동일한지에 따라 결정되므로, 추가 또는 변경된 사유가 처분 당시에 이미 존재하고 있었다거나 당사자가 그 사실을 알고 있었다고 하여 당초의 처분사유와 동일성이 있다고 할 수 없다. 그리고 이러한 법리는 행정심판 단계에서도 그대로 적용된다(대법원 2014. 5. 16. 2013두26118).

15. 재결

1) 재결의 종류

(1) 각하재결

심판청구의 요건심리의 결과 그 제기요건이 갖추어져 있지 않아 본안심리를 거부하는 행정심판위원회의 판단을 말한다.

(2) 기각재결

본안심리를 한 후 청구인이 신청한 내용을 받아들이지 않고 행정청이 했던 원래의 처분을 그대로 유지시키기로 하는 행정심판위원회의 판단을 말한다.

(3) 사정재결

① 행정심판위원회는 심리의 결과 그 심판청구가 이유 있다고 인정하는 경우에도 이를 인용하는 것이 공공복리에 크게 위배된다고 인정할 때에는 그 심판청구를 기각하는 재결을 할 수 있다.

② 사정재결도 기각재결의 일종이다.

③ 취소심판 및 의무이행심판에만 인정되고, 무효등확인심판에는 인정되지 아니한다.

④ 사정재결을 함에 있어서 행정심판위원회는 그 재결의 주문에서 그 처분 또는 부작위가 위법 또는 부당함을 명시하여야 한다.

⑤ 행정심판위원회는 사정재결을 함에 있어서, 직접 청구인에 대하여 상당한 구제방법을 취하거나 피청구인에게 상당한 구제방법을 취할 것을 명할 수 있다.

(4) 인용재결

① 인용재결은 본안심리의 결과 심판청구가 이유 있다고 판단하여 청구인의 청구취지를 받아들이는 재결을 말한다.

② 취소심판의 인용재결 → 취소재결·변경재결 및 변경명령재결

③ 의무이행심판의 인용재결 → 처분재결과 처분명령재결

판례

행정심판 재결의 내용이 처분청에게 처분의 취소를 명하는 것이 아니라 재결청이 스스로 처분을 취소하는 것일 때에는 그 재결의 형성력에 의하여 당해 처분은 별도의 행정처분을 기다릴 것 없이 당연히 취소되어 소멸되는 것이다(대법원 1998. 4. 24. 97누17131).

2) 재결의 효력

행정심판법 제49조【재결의 기속력 등】 ① 심판청구를 인용하는 재결은 피청구인과 그 밖의 관계 행정청을 기속(羈束)한다.

② 재결에 의하여 취소되거나 무효 또는 부존재로 확인되는 처분이 당사자의 신청을 거부하는 것을 내용으로 하는 경우에는 그 처분을 한 행정청은 재결의 취지에 따라 다시 이전의 신청에 대한 처분을 하여야 한다.

③ 당사자의 신청을 거부하거나 부작위로 방치한 처분의 이행을 명하는 재결이 있으면 행정청은 지체 없이 이전의 신청에 대하여 재결의 취지에 따라 처분을 하여야 한다.

④ 신청에 따른 처분이 절차의 위법 또는 부당을 이유로 재결로써 취소된 경우에는 제2항을 준용한다.

행정심판법은 재결의 효력에 관하여 기속력(반복금지효, 재처분의무)에 관한 규정(제49조)만을 두고 있으나, 재결도 행정행위의 하나이므로, 그것이 당연무효인 경우 외에는 다른 행정행위와 마찬가지로 불가변력·불가쟁력·공정력·형성력 등을 가진다.

판례

▶ 재결의 기속력은 재결의 주문 및 그 전제가 된 요건사실의 인정과 판단, 즉 처분 등의 구체적 위법사유에 관한 판단에만 미친다고 할 것이고, 종전 처분이 재결에 의하여 취소되었다 하더라도 종전 처분시와는 다른 사유를 들어서 처분을 하는 것은 기속력에 저촉되지 않는다(대법원 2005. 12. 9. 2003두7705).

▶ 재결의 취지에 반하지 아니하다면 다시 거부처분을 할 수 있다(대법원 2017. 10. 31. 2015두45045).

16. 직접처분 · 간접강제

1) 직접처분

> **행정심판법 제50조【위원회의 직접 처분】** ① 위원회는 피청구인이 제49조 제3항에도 불구하고 처분을 하지 아니하는 경우에는 당사자가 신청하면 기간을 정하여 서면으로 시정을 명하고 그 기간에 이행하지 아니하면 직접 처분을 할 수 있다. 다만, 그 처분의 성질이나 그 밖의 불가피한 사유로 위원회가 직접 처분을 할 수 없는 경우에는 그러하지 아니하다.

판례

재결청이 직접 처분을 하기 위하여는 처분의 이행을 명하는 재결이 있었음에도 당해 행정청이 아무런 처분을 하지 아니하였어야 하므로, 당해 행정청이 어떠한 처분을 하였다면 그 처분이 재결의 내용에 따르지 아니하였다고 하더라도 재결청이 직접 처분을 할 수는 없다(대법원 2002. 7. 23. 2000두9151).

2) 간접강제

> **행정심판법 제50조의2【위원회의 간접강제】** ① 위원회는 피청구인이 제49조 제2항(제49조 제4항에서 준용하는 경우를 포함한다) 또는 제3항에 따른 처분을 하지 아니하면 청구인의 신청에 의하여 결정으로 상당한 기간을 정하고 피청구인이 그 기간 내에 이행하지 아니하는 경우에는 그 지연기간에 따라 일정한 배상을 하도록 명하거나 즉시 배상을 할 것을 명할 수 있다.

17. 고지

> **행정심판법 제58조【행정심판의 고지】** ① 행정청이 처분을 할 때에는 처분의 상대방에게 다음 각 호의 사항을 알려야 한다.
> 　1. 해당 처분에 대하여 행정심판을 청구할 수 있는지
> 　2. 행정심판을 청구하는 경우의 심판청구 절차 및 심판청구 기간
> ② 행정청은 이해관계인이 요구하면 다음 각 호의 사항을 지체 없이 알려 주어야 한다. 이 경우 서면으로 알려 줄 것을 요구받으면 서면으로 알려 주어야 한다.
> 　1. 해당 처분이 행정심판의 대상이 되는 처분인지
> 　2. 행정심판의 대상이 되는 경우 소관 위원회 및 심판청구 기간

구분	행정절차법	행정심판법	행정소송법
고지	○	○	×
오고지 · 불고지	×	○	×

02 행정소송의 종류

행정소송법

제3조【행정소송의 종류】 행정소송은 다음의 네 가지로 구분한다.

1. 항고소송 : 행정청의 처분등이나 부작위에 대하여 제기하는 소송
2. 당사자소송 : 행정청의 처분등을 원인으로 하는 법률관계에 관한 소송 그 밖에 공법상의 법률관계에 관한 소송으로서 그 법률관계의 한쪽 당사자를 피고로 하는 소송
3. 민중소송 : 국가 또는 공공단체의 기관이 법률에 위반되는 행위를 한 때에 직접 자기의 법률상 이익과 관계없이 그 시정을 구하기 위하여 제기하는 소송
4. 기관소송 : 국가 또는 공공단체의 기관상호간에 있어서의 권한의 존부 또는 그 행사에 관한 다툼이 있을 때에 이에 대하여 제기하는 소송. 다만, 헌법재판소법 제2조의 규정에 의하여 헌법재판소의 관장사항으로 되는 소송은 제외한다.

제4조【항고소송】 항고소송은 다음과 같이 구분한다.

1. 취소소송 : 행정청의 위법한 처분등을 취소 또는 변경하는 소송
2. 무효등 확인소송 : 행정청의 처분등의 효력 유무 또는 존재여부를 확인하는 소송
3. 부작위위법확인소송 : 행정청의 부작위가 위법하다는 것을 확인하는 소송

행정소송법에 규정이 없는 의무이행소송, 예방적 금지소송(예방적 부작위소송) 등은 권력분립원리상 인정하지 않는다.

당사자소송

1. 형식적 당사자소송

실질적으로는 처분 등의 효력을 다투는 항고소송이지만 형식적으로는 당사자소송의 형태를 띠는 것을 말한다. 형식적 당사자소송은 개별법상 인정하고 있는 경우에 한하여 인정한다. 토지보상법상 토지소유자 또는 관계인이 보상금의 액수에 대하여 불복하는 경우에는 토지수용위원회의 재결에 대하여 재결취소소송을 제기하는 것이 아니라 바로 사업시행자를 피고로 보상금증감청구소송(당사자소송)을 제기하여야 한다.

2. 실질적 당사자소송

공법상의 법률관계에 관한 다툼으로서, 그 일방 당사자를 피고로 하는 소송이다. 실질적 당사자소송은 개별법상 근거가 없는 경우에도 인정한다.

당사자소송	항고소송
• 광주민주화운동 관련 보상금 지급 • 급여지급결정 후에 공무원연금관리공단이 지급 거부의 의사표시를 한 경우 미지급퇴직연금에 대한 지급 청구 • 명예퇴직한 법관의 미지급 명예퇴직수당의 지급 청구와 지급신청에 대한 법원행정처장의 거부 • 법령의 변경에 따라 감액된 퇴역연금수급자의 불복 • 주택재건축정비사업조합 관리처분계획안에 대한 조합총회결의 효력	• 민주화운동 보상금 지급대상자 결정 • 공무원연금관리공단의 급여지급결정 • 퇴역연금에 대한 지급 청구에 대한 국방부장관의 거부 • 관리처분계획에 대한 인가가 있은 후 관리처분 계획안에 대한 조합총회결의 효력

당사자소송	민사소송
• 보상청구권의 소멸시효가 만료된 하천구역 편입토지에 관한 손실보상청구권 • 부가가치세 환급세액 지급 청구 • 석탄가격안정지원금 청구 • 재해위로금지급 청구 • 세입자의 주거이전비 보상청구 • 지방공무원의 초과근무수당 지급 • 시립합창단원의 재위촉 거부 • 지방전문직(공중보건의사) 채용계약 해지 • 민간투자사업상 실시협약에 따른 재정지원금 지급 청구 • 보조사업자에 대한 지방자치단체의 보조금반환청구 • 재개발조합을 상대로 한 조합원지위확인	• 부당이득반환청구소송 • 조세과오납금 반환청구소송 • 국가배상청구소송 • 환매권 존부 확인 소송과 환매금액 증감 소송

3. 가집행선고

판례

공법상 당사자소송에서 재산권의 청구를 인용하는 판결을 하는 경우, 가집행선고를 할 수 있다(대법원 2000. 11. 28. 99두3416).

4. 가처분

판례

당사자소송에 대하여는 집행정지에 관한 규정이 준용되지 아니하므로 민사집행법상 가처분에 관한 규정이 준용되어야 한다(대법원 2015. 8. 21. 2015무26).

객관적 소송

1. 종류

현행법에서 인정되는 객관적 소송은 민중소송과 기관소송이 있다.

> **행정소송법 제45조【소의 제기】** 민중소송 및 기관소송은 법률이 정한 경우에 법률에 정한 자에 한하여 제기할 수 있다.

2. 민중소송

1) 개념

국가 또는 공공단체의 기관이 법률에 위반되는 행위를 한 때에 직접 자기의 법률상 이익과 관계없이 그 시정을 구하기 위하여 제기하는 소송을 말한다.

2) 현행법상 인정되는 민중소송의 종류

(1) 공직선거법상의 선거무효소송과 당선무효소송

(2) 국민투표법상의 국민투표무효소송

(3) 지방자치법상의 주민소송

(4) 주민투표법상의 주민투표무효소송

3. 기관소송

국가 또는 공공단체의 기관 상호 간에 있어서의 권한의 존부 또는 그 행사에 관한 다툼이 있을 때에 이에 대하여 제기하는 소송(지방자치법상 지방의회의 의결에 대한 자치단체장과 지방의회 간의 소송, 지방교육자치에 관한 법률상의 기관소송)을 의미한다. 이 소송은 대법원이 관할한다. 다만, 헌법재판소의 관장사항으로 되는 소송(국가기관 상호 간, 국가기관과 지방자치단체 간 및 지방자치단체 상호 간의 권한쟁의에 관한 심판)은 제외한다.

취소소송 — 일반론

1. 개념

취소소송은 행정청의 위법한 처분 등을 취소 또는 변경하는 소송을 말한다.

2. 관련청구소송의 이송 · 병합

1) 관련청구소송의 이송

취소소송과 위의 관련청구소송이 각각 다른 법원에 계속되고 있는 경우에 관련청구소송이 계속된 법원이 상당하다고 인정하는 때에는 당사자의 신청 또는 직권에 의하여 이를 취소소송이 계속된 법원으로 이송할 수 있다.

2) 관련청구소송의 범위

(1) 당해 처분이나 재결과 관련되는 손해배상 · 부당이득반환 · 원상회복 등 청구소송

손실보상청구는 관련청구로 규정되어 있지 않다. 손실보상청구는 위법이 아니라 적법한 행정행위를 대상으로 하고 있기 때문이다.

(2) 당해 처분이나 재결과 관련되는 취소소송

당해 처분 등과 함께 하나의 절차를 구성하는 다른 처분에 대한 취소소송(계고처분취소소송과 대집행영장통지취소소송), 당해 처분에 대한 재결 그 자체에 고유한 하자가 있음을 이유로 하는 경우의 재결에 대한 취소소송(복효적 행정행위에서 처분의 직접 상대방이 재결에 불복하여 제기하는 재결취소소송과 제3자가 제기한 원처분취소소송) 등이 있다.

3) 이송의 방향

손해배상 · 부당이득반환 등의 청구소송을 심리 중인 법원(일반 민사법원)은 당사자의 신청 또는 직권으로 취소소송을 심리 중인 법원(행정법원)으로 이송할 수 있다.
그러나 취소소송을 심리 중인 법원(행정법원)이 손해배상 · 부당이득반환 등의 청구소송을 심리 중인 법원(일반 민사법원)으로 이송할 수는 없다. 취소소송은 행정법원이 배타적인 관할권을 가지고 있기 때문이다.

4) 관련청구소송의 병합

(1) 개념

청구의 병합이란 하나의 소송절차에서 수 개의 청구에 대하여 일괄하여 심판이 이루어지는 것을 말한다. 관련청구소송을 취소소송에 병합하는 경우에 취소소송은 그 자체로 적법한 소송요건을 갖추고 있어야 한다.

(2) 인정 여부

행정소송법은 관련청구의 객관적 병합, 주관적 병합, 원시적·추가적 병합을 모두 인정하고 있다. 행정소송에 있어 병합의 여러 형태인 단순병합, 선택적 병합, 예비적 병합도 허용된다. 그러나 행정처분에 대한 무효확인과 취소청구는 서로 양립할 수 없는 청구이기 때문에 예비적 병합은 가능하지만, 선택적 병합이나 단순 병합은 허용되지 아니한다.

3. 원고적격

> **행정소송법 제12조【원고적격】** 취소소송은 처분 등의 취소를 구할 법률상 이익이 있는 자가 제기할 수 있다. 처분 등의 효과가 기간의 경과, 처분 등의 집행 그 밖의 사유로 인하여 소멸된 뒤에도 그 처분 등의 취소로 인하여 회복되는 법률상 이익이 있는 자의 경우에는 또한 같다.

1) 법률상 이익의 의미

법률상 이익이라 함은 당해 처분의 근거 법규 및 관련 법규에 의하여 보호되는 직접적이고 구체적인 이익이 있는 경우를 가리키며, 간접적이거나 사실적·경제적 이해관계를 가지는 데 불과한 경우는 포함되지 아니한다.

판례

▶ **담배소매인의 거리제한에 따른 이익**
① 일반소매인 상호간의 경우는 단순한 사실상의 반사적 이익이 아니라 법률상 보호되는 이익이다(대법원 2008. 3. 27. 2007두23811).
② 일반소매인과 구내소매인의 경우는 단순한 사실상의 반사적 이익이다(대법원 2008. 4. 10. 2008두402).

▶ 도로의 용도폐지처분에 관하여 이러한 직접적인 이해관계를 가지는 사람이 그와 같은 이익을 현실적으로 침해당한 경우에는 그 취소를 구할 법률상의 이익이 있다(대법원 1992. 9. 22. 91누13212).

▶ 일반적인 시민생활에서 도로를 이용만 하는 사람(공물의 보통사용자)은 도로의 용도폐지에 대해 다툴 법률상 이익이 없고, 문화재의 지정이나 그 보호구역지정으로 인한 이익이 일반 국민이나 인근주민의 문화재를 향유할 구체적이고도 법률적인 이익이라고 할 수 없다(대법원 1992. 9. 22. 91누13212).

2) 수익적 처분의 제3자(복효적 행정행위에서 부담적 효과를 받는 제3자)

(1) 경업자소송

경업자소송이란 행정청이 신규 인·허가를 함으로서 새로운 사업자가 시장에 출현하여 기존의 사업자와 경쟁관계를 가지게 될 때 기존업자가 새로운 사업자에게 내려진 인·허가의 취소를 구하는 소송을 말한다.

기존의 업자가 특허업자인 경우에는 특허의 독점적인 지위를 법률상의 이익으로 인정하여 원고적격을 인정한다. 반면에 기존업자가 허가를 받은 경우에는 그 허가로 인한 경제적 이익은 반사적 이익에 불과하다고 보아 원고적격을 인정하지 않는다.

(2) 경원자소송

경원자관계란 인·허가의 수익적 처분을 신청한 여러 사람 중 일방에 대한 허가가 타방에 대한 불허가로 귀결될 수밖에 없는 양립 불가능한 관계를 말한다.

경원자관계에서 허가를 받지 못한 자는 자신에 대한 허가거부취소소송을 제기할 수도 있고, 상대방에 대한 허가의 취소를 구하는 취소소송을 제기할 수도 있다. 다만 그 처분이 취소된다 하더라도 허가 등의 처분을 받지 못한 불이익이 회복된다고 볼 수 없는 경우에는 당해 처분의 취소를 구할 협의의 소의 이익이 없다. 예컨대 여러 명의 경원자 중 2등으로 탈락한 자가 있음에도 3등으로 탈락한 자가 제기하는 소는 소의 이익이 없는 경우에 해당한다.

(3) 인근주민

특정인에 대한 수익적 처분이 이웃하는 주민에게 불이익한 결과가 발생하는 경우에 침해를 받는 인근주민인 제3자에게 원고적격 즉 법률상의 이익을 인정할 수 있는가의 문제이다. 주로 건축법, 환경법에서 문제된다.

대법원은 종래 환경영향평가 대상지역 안의 주민에게는 원고적격을 인정하고, 밖의 주민에 대해서는 원고적격을 부정하는 입장이었으나, 최근 환경영향평가 대상지역 안의 주민에게는 원고적격을 사실상 추정하고, 밖의 주민에 대해서는 입증을 한 경우에는 원고적격을 인정하는 방향으로 판시하고 있다.

판례

▶ 인근 주민들은 상수원보호구역변경처분의 취소를 구할 법률상의 이익이 없다. 반면에 공설화장장 설치는 인근 주민들의 법률상 이익이 인정된다(대법원 1995. 9. 26. 94누14544).

▶ **헌법상 환경권과 환경정책기본법상의 권리에 기한 원고적격은 부정(새만금 사건)**
헌법 제35조 제1항에서 정하고 있는 환경권에 관한 규정만으로는 그 권리의 주체·대상·내용·행사방법 등이 구체적으로 정립되어 있다고 볼 수 없고, 환경정책기본법 제6조도 그 규정 내용 등에 비추어 국민에게 구체적인 권리를 부여한 것으로 볼 수 없다(대법원 2006. 3. 16. 2006두330 전원합의체).

▶ 개발제한구역 중 일부 취락을 개발제한구역에서 해제하는 내용의 도시관리계획변경결정에 대하여, 개발제한구역 해제대상에서 누락된 토지의 소유자는 위 결정의 취소를 구할 법률상 이익이 없다(대법원 2008. 7. 10. 2007두10242).

4. 협의의 소의 이익(권리보호의 필요성)

1) 개념

협의의 소의 이익이란 구체적 사안에서 재판에 의해 해결할 만한 현실적 필요성을 말한다. 권리보호의 현실적 필요성이 없으면 법원은 각하판결을 내린다.

처분의 효력이 소멸한 경우라면 원칙적으로 협의의 소의 이익은 인정되지 않는다.

2) 원칙

처분의 효력이 소멸한 후, 원상회복이 불가능한 경우, 처분 후의 사정변경이 있는 경우에는 원칙적으로 협의의 소의 이익은 인정되지 않는다.

3) 예외

① 당해 처분의 존재가 장래의 가중적 처분의 요건으로 되어 있는 경우, ② 처분이 소급적으로 취소됨으로써 원고의 부수적 이익이 구제될 수 있는 경우, ③ 동일한 사유로 위법한 처분이 반복될 위험성이 있는 경우 등은 처분 등의 취소로 인하여 회복되는 법률상 이익이 있는 경우에 해당한다.

판례

▶ 제명의결 취소소송 계속 중 임기가 만료된 경우 소의 이익이 있다(대법원 2009. 1. 30. 2007두13487).

▶ 대학입학고사 불합격처분의 취소를 구하는 소송계속 중 당해 연도의 입학시기가 지나고 입학정원에 못 들어 가게 된 경우 소의 이익이 있다(대법원 1990. 8. 28. 89누8255).

▶ 고등학교에서 퇴학처분을 당한 후 고등학교졸업학력검정고시에 합격한 경우, 퇴학처분의 취소를 구할 소의 이익이 있다(대법원 1992. 7. 14. 91누4737).

▶ 현역입영대상자는 입영한 후에 현역병입영통지처분의 취소를 구할 소송상의 이익이 있다(대법원 2003. 12. 26. 2003두1875).

▶ 불합격처분 이후 새로 실시된 시험에 합격한 자들은 법률상의 이익이 없다(대법원 1993. 11. 9. 93누6867).

▶ 공익근무요원 소집해제신청 거부처분한 후에 복무기간 만료로 소집해제처분을 한 경우 법률상의 이익이 없다(대법원 2005. 5. 13. 2004두4369).

5. 피고적격

> **행정소송법 제13조【피고적격】** ① 취소소송은 다른 법률에 특별한 규정이 없는 한 그 처분등을 행한 행정청을 피고로 한다. 다만, 처분등이 있은 뒤에 그 처분등에 관계되는 권한이 다른 행정청에 승계된 때에는 이를 승계한 행정청을 피고로 한다.
> ② 제1항의 규정에 의한 행정청이 없게 된 때에는 그 처분등에 관한 사무가 귀속되는 국가 또는 공공단체를 피고로 한다.

1) 합의제 행정청의 피고적격

합의제 행정청은 원칙적으로 그 자체가 피고가 된다. 위원회 중 결정된 의사를 자신의 이름으로 대외적으로 표시할 권한을 가진 위원회만 행정청이 된다. 다만, 중앙노동위원회와 중앙해양안전심판원, 그리고 시·도 인사위원회는 그 장이 피고가 된다.

2) 대통령 등이 처분청인 경우

(1) 대통령이 처분청인 경우에는 업무가 속한 소속장관이 피고가 된다.

(2) 국회의장이 처분청인 경우는 국회사무청장이 피고가 된다.

(3) 대법원장의 처분에 대해서는 법원행정처장이 피고가 된다.

(4) 헌법재판소장의 처분에 대해서는 사무처장이 피고가 된다.

3) 권한의 위임(위탁)·내부위임 또는 대리의 경우

(1) 권한의 위임(위탁)이 있는 경우

권한의 위임이나 위탁이 있게 되면 수임·수탁청이 피고가 된다.

판례

▶ **처분 등을 할 정당한 권한을 가진 행정청만이 피고적격을 가지는 것은 아니다.**
행정처분의 취소 또는 무효확인을 구하는 행정소송은 다른 법률에 특별한 규정이 없는 한 그 처분을 행한 행정청을 피고로 하여야 하며, 행정처분을 행할 적법한 권한 있는 상급행정청으로부터 내부위임을 받은 데 불과한 하급행정청이 권한 없이 행정처분을 한 경우에도 실제로 그 처분을 행한 하급행정청을 피고로 하여야 할 것이지 그 처분을 행할 적법한 권한 있는 상급행정청을 피고로 할 것은 아니다(대법원 1994. 8. 12. 94누2763).

(2) 권한의 내부위임 또는 대리의 경우

내부위임 또는 대리의 경우 받은 행정청이 위임청의 이름으로 처분을 한 경우 대외적으로 권한을 가지고 있는 위임청이 피고가 되며, 내부위임 또는 대리를 받은 자는 피고적격이 없다. 반면에 내부위임 또는 대리를 받은 행정청이 자신의 이름으로 처분을 한 경우 처분의 명의자가 수임청으로 되어 있으므로 수임청이 피고가 된다.

4) 지방의회와 지방자치단체장

처분적 조례의 경우 의결은 지방의회가 하지만 이를 대외적으로 공포하는 것은 지방자치단체장이다. 따라서 지방자치단체장이 피고가 된다. 교육조례의 경우에는 교육감이 피고가 된다. 지방의회의원에 대한 징계의결, 의장선거, 의장에 대한 불신임 결의 취소소송에서의 피고는 지방의회가 된다.

5) 준용

취소소송의 피고적격은 무효등확인소송과 부작위위법확인소송에 준용된다. 그러나 당사자소송의 피고는 행정청이 아니라 행정주체가 된다.

6) 피고의 경정

> **행정소송법 제14조【피고경정】** ① 원고가 피고를 잘못 지정한 때에는 법원은 원고의 신청에 의하여 결정으로써 피고의 경정을 허가할 수 있다.

피고를 달리하는 소 변경이 인정된다는 점에서 소송 종류 변경 시에도 피고경정이 인정된다.

6. 제3자의 소송참가

1) 개념

소송의 결과에 의하여 권리 또는 이익의 침해를 받을 제3자가 있는 경우에 당사자 또는 제3자의 신청 또는 직권에 의하여 결정으로써 그 제3자를 소송에 참가시키는 것을 말한다.

2) 참가의 효력

소송에 참가한 제3자는 실제 소송에 참가하여 소송행위를 하였는지 여부를 불문하고 판결의 효력을 받는다.

행정소송 사건에서 참가인이 한 보조참가가 행정소송법 제16조가 규정한 제3자의 소송참가에 해당하지 않는 경우에도, 판결의 효력이 참가인에게까지 미치는 점 등 행정소송의 성질에 비추어 보면 그 참가는 민사소송법 제78조에 규정된 공동소송적 보조참가이다(대법원 2013. 3. 28. 2011두13729).

3) 재심청구

> **행정소송법 제31조【제3자에 의한 재심청구】** ① 처분등을 취소하는 판결에 의하여 권리 또는 이익의 침해를 받은 제3자는 자기에게 책임없는 사유로 소송에 참가하지 못함으로써 판결의 결과에 영향을 미칠 공격 또는 방어방법을 제출하지 못한 때에는 이를 이유로 확정된 종국판결에 대하여 재심의 청구를 할 수 있다.
> ② 제1항의 규정에 의한 청구는 확정판결이 있음을 안 날로부터 30일 이내, 판결이 확정된 날로부터 1년 이내에 제기하여야 한다.
> ③ 제2항의 규정에 의한 기간은 불변기간으로 한다.

4) 행정청의 소송참가

법원이 다른 행정청을 소송에 참가시킬 필요가 있다고 인정할 때에 당사자 또는 당해 행정청의 신청 또는 직권에 의하여 결정으로써 그 행정청을 소송에 참가시킬 수 있는 제도를 말한다.

✦ **제3자의 소송참가와 행정청의 소송참가 비교**

구분	제3자의 소송참가	행정청의 소송참가
법적 성질	공동소송적 보조참가	보조참가
참가인의 소송행위	참가인은 피참가인에게 불리한 소송행위를 할 수 없지만, 피참가인의 행위와 저촉되는 행위는 허용	피참가인의 행위와 저촉되는 행위를 할 수 없음
신청	신청 또는 법원 직권	신청 또는 법원 직권
참가의 방향	원·피고 모두 참가 가능	피고 행정청에만 가능

취소소송 - 대상

1. 행정소송의 대상

행정청이 행하는 구체적 사실에 관한 법집행으로서의 공권력의 행사 또는 그 거부와 그 밖에 이에 준하는 행정작용(처분) 및 행정심판에 대한 재결을 말한다.

> **참고**
>
> • **취소소송의 대상**: ① 행정행위, ② 거부처분, ③ 권력적 사실행위, ④ 행정심판의 재결 자체의 위법, ⑤ 취소 · 철회
> • **취소소송의 대상으로 볼 수 없는 것**: ① 공법상 계약 · 사법상 계약 · 기타 사법상의 행위, ② 행정주체의 내부적 의사결정, ③ 행정지도, ④ 통치행위, ⑤ 통고처분 · 검사의 불기소처분

구분	처분성 긍정	처분성 부정
공공단체, 공무수탁사인의 행위	국방부장관(서울특별시장, 관악구청장)의 입찰참가 제한처분	• 조세원천징수 의무자의 원천징수행위 • 한국전력공사나 발전소 등의 대표자가 한 입찰참가자격 제한처분 • 한국토지개발공사 일정 기간 입찰참가자격을 제한하는 내용의 제재처분
지방의회	• 지방의회의 의원에 대한 징계의결 • 지방의회의 의장에 대한 불신임의결 • 지방의회의 의장선거	
행정입법 · 조례	• 두밀분교폐지조례 • 보건복지부 고시인 약제급여 · 비급여목록 및 급여상한금액표 • 항정신병 치료제의 요양급여 인정기준에 관한 보건복지부 고시 • 청소년유해매체물 결정 · 고시	의료기관 명칭표시판의 진료과목에 대한 글자크기 제한
행정계획	• 건설부장관의 도시계획결정(도시관리계획결정) • 도시재개발법상 재개발조합의 관리처분계획 • 환지예정지 지정, 환지처분 • 택지개발예정지구의 지정 • 토지거래 허가구역지정	• 종합계획, 광역도시계획, 기본계획 • 환지계획

내부결정,
준비행위
	• 지방병무청장의 병역처분
	• 상이등급 재분류 신청에 대한 지방보훈
	  지청장의 거부행위
	• 산업재해보상보험법상 장해보험금 결정의
	  기준이 되는 장해등급결정
	• 표준지공시지가결정, 개별공시지가결정
		• 과세표준결정
		• 국세환급금 및 국세가산금 결정이나 환급
		  거부 결정
		• 정부투자기관에 대한 예산편성지침통보
		• 대학입시기본계획 내의 내신성적산정지침
		• 공정거래위원회의 고발조치 · 의결
		• 도지사가 도 내 특정시를 공공기관이 이
		  전할 혁신도시 최종입지로 선정한 행위
		• 성업공사(현 한국자산관리공사)의 공매
		  (재공매)결정
		• 군의관의 신체등위 판정
		• 운전면허 행정처분처리대장상 벌점의 배점

행정지도	• 국가인권위원회의 성희롱결정 및 시정 조치 권고 • 공정거래위원회의 표준약관 사용권장	

통지 · 통보	• 과세관청의 원천징수의무자인 법인에
	  대한 소득금액변동통지
	• 대학교원의 임용권자가 임용기간이 만료
	  된 조교수에 대하여 재임용을 거부하는
	  취지로 한 임용기간만료의 통지
		• 원천납세의무자인 소득귀속자에 대한 소
		  득금액변동통지
		• 정년퇴직 발령
		• 공무원임용결격사유자에 대한 공무원임
		  용취소 통보
		• 당연퇴직의 통보 인사발령
		• 한국자산공사가 당해 부동산을 인터넷을
		  통하여 재공매(입찰)하기로 한 결정 통지
		• 원처분에 대한 형성적 취소재결이 확정된
		  후 처분청이 다시 원처분을 취소한 경우
		• 재개발조합이 조합원들에게 한 '조합원
		  동 · 호수 추첨결과 통보 및 분양계약체결
		  안내'라는 제목의 통지
		• 개별공시지가 경정결정신청에 대한 행정
		  청의 정정불가결정 통지

기타	• 세무조사결정 • 1차 철거명령 및 계고처분 • 반복된 거부처분 • 적법한 행정심판청구를 각하한 재결	• 통고처분 • 검사의 불기소처분과 공소제기 • 비송사건절차에 해당하는 과태료부과처분 • 농지 처분명령에 대한 이행강제금 부과 처분 • 부가가치세법상 사업자등록 직권말소

2. 공권력 행사의 거부 – 거부행위가 처분성을 갖기 위한 요건

판례

▶ **거부가 항고소송의 대상이 되는 행정처분이 되기 위한 요건**

국민의 적극적 행위 신청에 대하여 행정청이 그 신청에 따른 행위를 하지 않겠다고 거부한 행위가 항고소송의 대상이 되는 행정처분에 해당하는 것이라고 하려면, 그 신청한 행위가 공권력의 행사 또는 이에 준하는 행정작용이어야 하고, 그 거부행위가 신청인의 법률관계에 어떤 변동을 일으키는 것이어야 하며, 그 국민에게 그 행위발동을 요구할 법규상 또는 조리상의 신청권이 있어야 한다(대법원 2007. 10. 11. 2007두1316).

▶ **법규상 · 조리상의 신청권의 의미**

거부처분의 처분성을 인정하기 위한 전제요건이 되는 신청권의 존부는 구체적 사건에서 신청인이 누구인가를 고려하지 않고 관계 법규의 해석에 의하여 일반 국민에게 그러한 신청권을 인정하고 있는가를 살펴 추상적으로 결정되는 것이고, 신청인이 그 신청에 따른 단순한 응답을 받을 권리를 넘어서 신청의 인용이라는 만족적 결과를 얻을 권리를 의미하는 것은 아니다(대법원 1996. 6. 11. 95누12460).

3. 재결

1) 원처분주의

원칙적으로 원처분만 소송의 대상이 되지만, 재결 자체의 위법을 주장하는 경우에는 재결도 소송의 대상이 된다.

원처분에 대한 항고소송에서는 원처분의 위법만 주장할 수 있고 재결의 위법성을 주장하지 못한다. 또한 재결에 대한 항고소송에서는 재결 자체의 고유한 하자만 주장할 수 있고 원처분의 하자는 주장할 수 없다.

2) 구체적 검토

(1) 각하재결

적법한 행정심판청구를 각하한 재결은 심판청구인의 실체심리를 받을 권리를 박탈한 것으로서 원처분에 없는 고유한 하자가 있는 경우에 해당한다.

(2) 기각재결

원처분을 유지하는 재결이므로 재결 자체의 고유한 위법이 없어 원처분을 대상으로 소를 제기해야 한다.

(3) 인용재결 – 제3자효 행정행위에 대한 취소재결

> **판례**
>
> 제3자효를 수반하는 행정행위에 대한 행정심판청구에 있어서 그 청구를 인용하는 내용의 재결로 인하여 비로소 권리이익을 침해받게 되는 자는 그 인용재결에 대하여 다툴 필요가 있고, 그 인용재결은 원처분과 내용을 달리하는 것이므로 그 인용재결의 취소를 구하는 것은 원처분에는 없는 재결에 고유한 하자를 주장하는 셈이어서 당연히 항고소송의 대상이 된다(대법원 1997. 12. 23. 96누10911).

(4) 일부인용재결과 수정재결

일부취소 또는 수정재결로 인하여 감경되고 남은 원처분(변경된 내용의 원처분 ○ / 변경처분 ×)을 대상으로 원처분청을 피고로 하여 소송을 제기하여야 한다.

> **판례**
>
> 행정청이 식품위생법령에 기하여 영업자에 대하여 행정제재처분을 한 후 그 처분을 영업자에게 유리하게 변경하는 처분을 한 경우(이하 처음의 처분을 '당초처분', 나중의 처분을 '변경처분'이라 한다), 변경처분에 의하여 당초처분은 소멸하는 것이 아니고 당초부터 유리하게 변경된 내용의 처분으로 존재하는 것이므로, 변경처분에 의하여 유리하게 변경된 내용의 행정제재가 위법하다 하여 그 취소를 구하는 경우 그 취소소송의 대상은 변경된 내용의 당초처분이지 변경처분은 아니고, 제소기간의 준수 여부도 변경처분이 아닌 변경된 내용의 당초처분을 기준으로 판단하여야 한다(대법원 2007. 4. 27. 2004두9302).

취소소송과 행정심판과의 관계

> **행정소송법 제18조【행정심판과의 관계】** ① 취소소송은 법령의 규정에 의하여 당해 처분에 대한 행정심판을 제기할 수 있는 경우에도 이를 거치지 아니하고 제기할 수 있다. 다만, 다른 법률에 당해 처분에 대한 행정심판의 재결을 거치지 아니하면 취소소송을 제기할 수 없다는 규정이 있는 때에는 그러하지 아니하다.

1. 전치요건 충족 여부의 판단

1) 직권조사사항

전심절차를 거쳤는지 여부는 행정소송 제기의 소송요건으로서 직권조사사항에 해당한다.

2) 판단의 기준시

필요적 행정심판전치주의를 채택하는 사건의 경우 행정심판의 재결이 있기 전에 제기된 행정소송은 원칙적으로 부적법한 소이지만, 그 소가 각하되지 않는 동안 행정심판의 재결이 있으면 전치의 요건은 충족된 것으로 본다.

2. 행정심판전치주의의 적용범위

1) 적용되는 소송형태

행정소송법은 취소소송에 대하여 행정심판전치주의를 규정하고, 이를 부작위위법확인소송에서 준용한다. 따라서 무효등확인소송과 당사자소송, 민중소송, 기관소송에는 행정심판전치주의가 적용되지 않는다.

2) 무효선언을 구하는 의미의 취소소송

행정처분의 무효를 선언하는 의미에서 취소를 구하는 소송(행정처분의 하자가 중대명백하여 당연무효임에도 불구하고 취소소송을 제기한 경우)도 취소소송의 일종이므로 전심절차를 거쳐야 한다.

3. 필요적 행정심판전치주의의 예외

행정심판을 제기한 후 재결을 거치지 아니하고 취소소송을 제기할 수 있는 경우	행정심판을 제기함이 없이 취소소송을 제기할 수 있는 경우
① 행정심판청구가 있은 날로부터 60일이 지나도 재결이 없는 때 ② 처분의 집행 또는 절차의 속행으로 생길 중대한 손해를 예방하여야 할 긴급한 필요가 있는 때 ③ 법령의 규정에 의한 행정심판기관이 의결 또는 재결을 하지 못할 사유가 있는 때 ④ 그 밖의 정당한 사유가 있는 때	① 동종사건에 관하여 이미 행정심판의 기각재결이 있은 때 ② 서로 내용상 관련되는 처분 또는 같은 목적을 위하여 단계적으로 진행되는 처분 중 어느 하나가 이미 행정심판의 재결을 거친 때 ③ 행정청이 사실심의 변론종결 후 소송의 대상인 처분을 변경하여 당해 변경된 처분에 관하여 소를 제기하는 때 ④ 처분을 행한 행정청이 행정심판을 거칠 필요가 없다고 잘못 알린 때

4. 주장 사유의 동일성 여부

전심절차에서 주장하지 아니한 처분의 위법사유를 소송절차에서 새롭게 주장할 수 있다(대법원 1996. 6. 14. 96누754).

취소소송 - 제소기간

> **행정소송법 제20조【제소기간】** ① 취소소송은 처분등이 있음을 안 날부터 90일 이내에 제기하여야 한다. 다만, 제18조 제1항 단서에 규정한 경우와 그 밖에 행정심판청구를 할 수 있는 경우 또는 행정청이 행정심판청구를 할 수 있다고 잘못 알린 경우에 행정심판청구가 있은 때의 기간은 재결서의 정본을 송달받은 날부터 기산한다.
> ② 취소소송은 처분등이 있은 날부터 1년(제1항 단서의 경우는 재결이 있은 날부터 1년)을 경과하면 이를 제기하지 못한다. 다만, 정당한 사유가 있는 때에는 그러하지 아니하다.
> ③ 제1항의 규정에 의한 기간은 불변기간으로 한다.

1. 제소기간의 기능

제소기간이 경과하면 당해 처분에 불가쟁력이 발생하여 처분의 상대방은 더 이상 다툴 수 없게 된다. 그러나 기간이 도과한 경우에 불가쟁력은 발생하지만 불가변력이 발생하는 것은 아니므로 행정청이 직권취소할 수 있다.

제소기간의 도과 여부는 직권조사사항이며, 제소기간이 도과한 소송 제기는 부적법 각하한다.

2. 취소소송의 제소기간

행정심판을 거치지 않은 경우	행정심판을 거친 경우
• 취소소송은 처분 등이 있음을 안 날부터 90일 이내에 제기하여야 한다. • 처분 등이 있은 날부터 1년을 경과하면 이를 제기하지 못한다. 다만 정당한 사유가 있는 때에는 그러하지 아니하다.	• 행정심판을 거친 후 취소소송을 제기하는 경우에는 재결서의 정본을 송달받은 날부터 90일 이내에 제기하여야 한다. • 재결서의 정본을 송달받지 못한 경우에는 재결이 있은 날로부터 1년이 경과하면 취소소송을 제기하지 못한다. 다만, 정당한 사유가 있는 때에는 그러하지 아니하다.

판례

▶ 처분이 있음을 안 경우는 행정처분의 위법 여부를 판단한 날은 아니다(대법원 1991. 6. 28. 90누6521).

▶ 특정인에 대한 행정처분을 주소불명 등의 이유로 송달할 수 없어 관보·공보·게시판·일간신문 등에 공고한 경우에는 상대방이 당해 처분이 있었다는 사실을 현실적으로 안 날이다(대법원 2006. 4. 28. 2005두 14851).

▶ 불특정 다수인에 대한 처분으로서 고시·공고 등에 의하여 효력이 발생하는 처분에 대해서는 공고 등이 있음을 현실적으로 알았는지 여부를 불문하고, 고시가 효력을 발생하는 날에 처분이 있음을 알았다고 보고 그때부터 제소기간을 기산한다(대법원 2007. 6. 14. 2004두619).

▶ 현행법에서 제3자효 행정행위의 경우 제3자에 대한 처분의 통지의무를 규정하고 있지 않다. 따라서 제3자가 특별한 사유로 행정처분이 있음을 안 경우에는 90일 내에 제기해야 하지만, 일반적으로 제3자는 처분이 있음을 알지 못한 경우에 해당하므로 취소소송은 행정처분이 있은 날로부터 1년 이내에 제기하여야 한다(대법원 2002. 5. 24. 2000두3641).

▶ 행정청이 영업자에게 행정제재처분을 한 후 그 처분을 영업자에게 유리하게 변경하는 처분을 한 경우 취소소송의 대상 및 제소기간의 판단기준은 당초처분으로 하여야 한다(대법원 2007. 4. 27. 2004두9302).

▶ 처분 당시에는 취소소송의 제기가 법제상 허용되지 않아 소송을 제기할 수 없다가 위헌결정으로 인하여 비로소 취소소송을 제기할 수 있게 된 경우 제소기간의 기산점은 위헌결정이 있은 날 또는 위헌결정이 있음을 안 날이다(대법원 2008. 2. 1. 2007두20997).

▶ 행정심판법상 불고지·오고지 규정이 행정소송 제기에도 당연히 적용되는 것은 아니다(대법원 2001. 5. 8. 2000두6916).

▶ 처분이 있음을 안 날부터 90일 이내에 행정심판을 청구하지도 않고 취소소송을 제기하지도 않은 경우에는 그 후 제기된 취소소송은 제소기간을 경과한 것으로서 부적법하고, 처분이 있음을 안 날부터 90일을 넘겨 청구한 부적법한 행정심판청구에 대한 재결이 있은 후 재결서를 송달받은 날부터 90일 이내에 원래의 처분에 대하여 취소소송을 제기하였다고 하여 취소소송이 다시 제소기간을 준수한 것으로 되는 것은 아니다(대법원 2011. 11. 24. 2011두18786).

▶ **무효선언을 구하는 취소소송의 경우에는 제소기간의 제한이 있다.**
행정처분의 당연무효를 선언하는 의미에서 그 취소를 구하는 행정소송을 제기하는 경우에는 전치절차와 그 제소기간의 준수 등 취소소송의 제소요건을 갖추어야 한다(대법원 1987. 6. 9. 87누219).

▶ 재조사결정은 처분청의 후속 처분에 의하여 그 내용이 보완됨으로써 이의신청 등에 대한 결정으로서의 효력이 발생한다고 할 것이므로, 재조사결정에 따른 심사청구기간이나 심판청구기간 또는 행정소송의 제소기간은 이의신청인 등이 후속 처분의 통지를 받은 날부터 기산된다(대법원 2010. 6. 25. 2007두12514 전원합의체).

취소소송 - 소의 변경

1. 행정소송법상의 소 변경의 종류

행정소송법은 소 종류의 변경과 처분변경으로 인한 소의 변경 두 가지를 명문으로 인정하고 있다. 두 가지 모두 소의 변경에는 원고의 신청이 필요하며 법원이 직권으로 소를 변경할 수는 없다.

2. 소 종류의 변경

1) 개념

청구의 기초에 변경이 없는 한 사실심변론종결시까지 원고의 신청으로 취소소송을 당사자소송 또는 취소소송 외의 항고소송으로 변경하는 것을 말한다.

2) 변경

항고소송(취소소송·무효등확인소송·부작위위법확인소송) 간의 소를 변경하는 경우와 항고소송과 당사자소송 간의 소를 변경하는 것이 모두 가능하다.

3) 효과

소 변경 허가의 결정이 있으면 새로운 소는 처음에 소를 제기한 때에 제기된 것으로 보며, 변경된 구소는 취하된 것으로 본다.

3. 처분변경으로 인한 소의 변경

원고가 소를 제기한 후에 행정청이 소송의 대상인 처분을 변경한 때에 법원은 원고의 신청에 의하여 결정으로써 청구의 취지 또는 원인의 변경을 허가할 수 있다. 이는 처분의 변경을 안 날로부터 60일 이내에 원고가 신청하여야 한다.

취소소송 - 소제기의 효과

1. 원칙 - 집행부정지

취소소송의 제기는 처분 등의 효력이나 그 집행 또는 절차의 속행에 영향을 주지 아니한다.

2. 예외 - 집행정지

적극적 요건 (신청인이 소명)	• 처분 등이 존재할 것 • 본안 소송이 적법하게 계속되어 있을 것 • 회복하기 어려운 손해발생의 우려가 있을 것 • 긴급한 필요가 있을 것
소극적 요건 (행정청이 소명)	• 공공복리에 중대한 영향을 미칠 우려가 없을 것 • 본안청구가 이유 없음이 명백하지 아니할 것

판례⁺

거부처분은 집행정지의 대상이 아니다(대결 1995. 6. 21. 95두26).

3. 집행정지의 결정

1) 본안이 계속되고 있는 법원은 당사자의 신청 또는 직권에 의하여 집행정지를 결정할 수 있다.

2) 집행정지결정은 본안소송이 종결될 때까지 처분 등의 효력이나 그 집행 또는 절차의 속행의 전부 또는 일부를 정지함을 그 내용으로 한다. 처분의 효력정지는 처분 등의 집행 또는 절차의 속행을 정지함으로써 목적을 달성할 수 있는 경우에는 허용되지 아니한다.

3) 집행정지결정이나 집행정지신청 기각결정, 또는 집행정지결정의 취소결정에 대해서는 즉시 항고할 수 있다.

4. 민사집행법상 가처분 준용 여부

항고소송에 대하여는 민사집행법 중 가처분에 관한 규정의 적용을 인정할 수 없다.

취소소송 − 처분사유 추가 · 변경

1. 의의

처분사유의 추가란 행정소송의 심리 중에 처분청이 처분 당시 근거로 삼았던 사유와 다른 사유를 추가적으로 주장하는 것을 말하며, 처분사유의 변경이란 처분청이 처분 당시 근거로 삼았던 사유를 다른 사유로 변경하는 것을 말한다.

2. 인정 여부

당초에 처분의 근거로 삼은 것과 기본적 사실관계의 동일성이 인정되는 범위에서 처분사유의 추가 · 변경을 제한적으로 허용한다.

3. 인정 요건

1) 처분의 기본적 사실관계의 동일성이 유지될 것

판례

▶ 기본적 사실관계의 동일성 유무는 처분사유를 법률적으로 평가하기 이전의 구체적인 사실에 착안하여 그 기초가 되는 사회적 사실관계가 기본적인 점에서 동일한지 여부에 따라 결정된다(대법원 2004. 11. 26. 2004두4482).

▶ 정보비공개결정 취소소송에서 처분청이 당초의 처분사유인 대상 정보가 공공기관의 정보공개에 관한 법률 제9조 제1항 제7호에 해당한다는 것에다 같은 항 제1호에 해당한다는 사유를 추가할 수 없다(대법원 2008. 10. 23. 2007두1798).

2) 처분시에 존재하였던 사유일 것

3) 사실심변론종결시까지 해야 할 것

취소소송 - 심리

1. 의의

심리란 판결을 하기 위하여 그 기초가 되는 자료(사실과 증거 등)를 수집하는 절차를 말한다.

2. 불고불리의 원칙

법원은 소제기가 없는 사건에 대해 재판할 수 없음은 물론이고 소제기가 있는 사건에서도 당사자가 청구한 범위를 넘어서 심리하거나 재판할 수는 없다.

3. 재량행위에 대한 심리

재량이 인정되는 범위 내에서는 행정청의 선택가능성이 있기 때문에 재량행위의 타당성은 원칙적으로 법원의 심리대상이 아니다. 그러나 재량행위도 일탈·남용이 있는 경우에는 법원의 심리대상이 된다.

4. 변론주의와 직권탐지주의(직권심리주의)

행정소송에서 심리의 기본원칙은 변론주의가 되지만 보충적으로 직권탐지주의가 적용된다. 따라서 법원은 필요하다고 인정할 때에는 직권으로 증거조사를 할 수 있고 당사자가 주장하지 아니한 사실에 대하여도 판단할 수 있다. 다만, 직권탐지주의는 소송기록에 나타난 사실에 한정하여 인정하고 있으며, 기본적 사실관계의 동일성이 없는 사실을 직권으로 심사하는 것은 허용되지 않는다.

5. 위법성 판단

취소소송(거부처분에 대한 취소소송을 포함)은 처분시를 기준으로 위법성을 판단한다. 다만, 부작위의 경우에는 처분이 없기 때문에 부작위위법확인소송은 판결시를 기준으로 위법성을 판단한다.

판례

▶ 신청에 따른 처분의 경우에도 처분의 위법 여부는 특별한 사정이 없는 한 그 처분 당시를 기준으로 판단하여야 한다(대법원 2020. 1. 16. 2019다264700).

▶ 항고소송에 있어서 행정처분의 위법 여부를 판단하는 기준 시점에 대하여 판결시가 아니라 처분시라고 하는 의미는 처분 당시 존재하였던 자료나 행정청에 제출되었던 자료만으로 위법 여부를 판단한다는 의미는 아니므로, 법원은 행정처분 당시 행정청이 알고 있었던 자료뿐만 아니라 사실심 변론종결 당시까지 제출된 모든 자료를 종합하여 처분 당시 존재하였던 객관적 사실을 확정하고 그 사실에 기초하여 처분의 위법 여부를 판단할 수 있다(대법원 1993. 5. 27. 92누19033).

▶ 여러 개의 처분사유 중 일부가 적법하지 않으나 다른 처분사유로써 처분의 정당성이 인정되는 경우, 그 처분은 적법하다(대법원 2013. 10. 24. 2013두963).

▶ 처분청의 처분권한 유무는 본안판단 사항(직권조사사항 ×)이다(대법원 1997. 6. 19. 95누8669 전원합의체).

취소소송 − 판결

1. 판결의 종류

1) 각하판결

소송요건을 갖추지 못하여 부적법한 경우 본안심리를 거부하는 판단이다.

2) 기각판결

원고의 청구가 이유 없어서 청구를 배척하는 원고 패소의 판결이다.

3) 사정판결

(1) 개념

원고의 청구가 이유 있다고 인정하는 경우에도 처분 등을 취소하는 것이 현저히 공공복리에 적합하지 않다고 인정하는 때에는 법원이 원고의 청구를 기각할 수 있는 바, 이를 사정판결이라고 한다. 이는 기각판결의 일종이다.

(2) 요건

① 청구가 이유 있는 경우일 것
② 청구인용판결이 현저히 공공복리에 적합하지 아니할 것
③ 당사자의 신청이 반드시 필요한 것은 아니다(법원은 직권으로 사정판결을 할 수 있다).

(3) 위법판단 및 사정판결 필요성의 판단기준시

① 처분의 위법성 판단은 처분시를 기준으로 하여야 한다.
② 사정판결의 필요성은 판결시를 기준으로 판단한다.

(4) 주장·입증책임

사정판결의 필요성에 대한 주장·입증의 책임은 사정판결의 예외성에 비추어 피고인 행정청이 부담하여야 한다.

⑸ **사정판결의 효과**

① **판결주문에 위법성 선언** : 사정판결을 함에 있어서는 그 판결의 주문에서 그 처분 등이 위법함을 명시하여야 한다. 사정판결은 위법성을 치유하는 것이 아니라 공익적 이유로 위법성을 지닌 채로 그 효력을 지속하는 것이다.

② **소송비용** : 소송비용은 피고의 부담으로 한다.

③ **원고의 권리구제** : 법원이 사정판결을 함에 있어서는 미리 원고가 그로 인하여 입게 될 손해의 정도와 배상방법 그 밖의 사정을 조사하여야 한다.

⑹ **사정판결의 적용범위**

무효등확인소송, 당사자소송, 부작위위법확인소송에는 사정판결이 인정되지 않는다.

4) 인용판결

원고의 취소청구가 이유 있다고 인정하여 청구의 전부 또는 일부를 인용하는 형성판결이다.

2. 판결의 효력

1) 불가변력(선고법원에 대한 효력)

판결이 선고되면 선고한 법원 자신도 그 내용을 취소·변경할 수 없다.

2) 형식적 확정력(당사자에 대한 효력 – 불가쟁력)

판결이 선고된 후 상소기간의 도과, 상소포기 등의 사유로 판결이 확정되면 더 이상 정식재판절차로는 다툴 수 없다.

3) 실질적 확정력(후소법원과 당사자에 대한 효력 – 기판력)

취소소송의 판결이 확정되면, 확정된 판단내용은 당사자(원고·피고) 및 법원(후소법원)을 구속하여 이후에 동일 사항이 다시 소송상 문제되는 경우에 당사자는 및 법원은 확정판결의 내용과 모순되는 주장·판단을 할 수 없다. 행정소송법에 명문규정은 없으나, 민사소송법을 준용한다.

> **판례**
>
> 기판력의 객관적 범위는 그 판결의 주문에 포함된 것 즉 소송물로 주장된 법률관계의 존부에 관한 판단의 결론 그 자체에만 미치는 것이고 판결이유에 설시된 그 전제가 되는 법률관계의 존부에까지 미치는 것은 아니다(대법원 1987. 6. 9. 86다카2756).

4) 형성력(제3자에 대한 효력)

처분을 취소하는 판결이 확정되면 판결의 취지에 따라 법률관계가 소급하여 발생·변경·소멸한다. 처분 등을 취소하는 확정판결은 제3자에 대하여도 효력이 있다.

판례

행정처분을 취소한다는 확정판결이 있으면 그 취소판결의 형성력에 의하여 당해 행정처분의 취소나 취소통지 등의 별도의 절차를 요하지 아니하고 당연히 취소의 효과가 발생한다(대법원 1991. 10. 11. 90누5443).

5) 기속력(행정기관에 대한 효력)

행정소송법 제30조【취소판결등의 기속력】 ① 처분 등을 취소하는 확정판결은 그 사건에 관하여 당사자인 행정청과 그 밖의 관계행정청을 기속한다.
② 판결에 의하여 취소되는 처분이 당사자의 신청을 거부하는 것을 내용으로 하는 경우에는 그 처분을 행한 행정청은 판결의 취지에 따라 다시 이전의 신청에 대한 처분을 하여야 한다.
③ 제2항의 규정은 신청에 따른 처분이 절차의 위법을 이유로 취소되는 경우에 준용한다.

판례

▶ 거부처분을 취소하는 판결이 확정된 경우에도 새로운 사유를 내세워 다시 이전의 신청에 대하여 거부처분을 할 수 있다(대법원 1999. 12. 28. 98두1895).

▶ 절차상 하자를 이유로 거부처분을 취소하는 판결이 확정된 경우에는 절차를 보완하여 다시 종전의 신청에 대한 거부처분을 할 수 있다(대법원 2005. 1. 14. 2003두13045).

▶ 기속력은 판결의 주문뿐만 아니라 그 전제가 되는 처분 등의 구체적 위법사유에 관한 이유 중의 판단에 대하여도 인정된다(대법원 2001. 3. 23. 99두5238).

▶ 새로운 처분이 종전 처분과 기본적 사실관계에 있어 동일성이 없다면 그 처분이 기속력에 저촉되는 처분이라고 할 수 없다(대법원 2005. 12. 9. 2003두7705).

✦ **기판력과 기속력의 비교**

구분	기판력	기속력
성질	소송법상의 구속력	실체법상의 구속력
인적범위	당사자와 후소 법원을 구속하는 힘	처분청과 관계행정청을 구속하는 힘
인정범위	인용판결과 기각판결에 모두 인정	인용판결에만 인정
시간적 범위	사실심변론종결시까지 발생한 사유	처분시의 사유
객관적 범위	주문에 표시된 처분의 위법 또는 적법성 판단	주문과 이유에 설시된 구체적 위법사유
내용	소송당사자와 법원은 판결내용과 모순·저촉되는 판단을 할 수 없음	반복금지의무, 재처분의무, 결과제거의무
위반효과	재심청구사유	무효

6) 간접강제(기속력의 실효성을 담보하기 위한 수단)

행정청이 취소판결의 취지에 따른 처분을 하지 아니하는 경우, 제1심 수소법원은 당사자의 신청에 의하여 결정으로써 처분을 하여야 할 상당한 기간을 정하고 행정청이 그 기간 내에 처분을 하지 아니하는 때에는, 그 지연기간에 따라 일정한 배상을 할 것을 명하거나, 즉시 손해배상을 할 것을 명할 수 있다.

판례

▶ 거부처분에 대하여 무효확인 판결이 내려진 경우에는 간접강제가 허용되지 않는다(대법원 1998. 12. 24. 98무37).

▶ 행정청이 기속력에 반하는 재처분의무를 한 경우에는 간접강제의 대상이다(대법원 2002. 12. 11. 2002무22).

무효등확인소송

1. 의의

행정청의 처분 등의 효력 유무 또는 존재 여부를 확인하는 소송을 말한다. 무효등확인소송에는 처분이나 재결의 ① 무효확인소송, ② 유효확인소송, ③ 부존재확인소송, ④ 존재확인소송 및 ⑤ 실효확인소송이 포함된다.

2. 원고적격

무효등확인소송은 처분 등의 효력 유무 또는 존재 여부의 확인을 구할 법률상 이익이 있는 자가 제기할 수 있다.

> **판례**
>
> '무효확인을 구할 법률상 이익'이 있는지를 판단할 때 무효확인소송의 보충성이 요구되는 것은 아니므로 행정처분의 무효를 전제로 한 이행소송 등과 같은 직접적인 구제수단이 있는지를 따질 필요가 없다(대법원 2008. 3. 20. 2007두6342 전원합의체).

3. 입증책임

무효확인을 구하는 행정소송에 있어서는 원고에게 그 행정처분이 무효인 사유를 주장, 입증할 책임이 있다.

4. 선결문제

처분의 위법성의 정도가 중대·명백한 경우에는 당해 처분은 공정력이 없고, 처음부터 효력이 발생하지 아니하므로 민사법원도 그 무효 여부를 스스로 판단할 수 있다.

5. 행정심판전치주의

개별법상 행정심판전치주의가 적용되는 경우에도 무효등확인소송을 제기함에 있어서는 행정심판을 거치지 않아도 된다. 다만 무효선언적 의미의 취소소송에서는 예외적으로 행정심판전치주의가 적용된다.

6. 취소소송과 무효등확인소송의 관계

1) 무효사유인 행정처분에 대하여 취소소송을 제기한 경우(무효선언적 의미의 취소소송)

무효선언적 의미의 취소판결을 할 수 있다. 다만, 형식적으로 취소소송이 제기되었으므로 취소소송의 소송요건을 준수하여야 한다.

2) 취소사유인 행정처분에 무효등확인소송을 제기한 경우

(1) 취소소송의 요건을 갖추지 못한 경우에는 제기된 무효등확인소송에 대하여 기각판결을 내려야 한다.

(2) 무효확인소송을 제기하였으나 그 처분에 취소사유에 불과한 흠이 있고 취소소송의 제기요건을 갖추었다면, 무효가 아니면 취소라도 구하는 취지인지를 석명하여 취소의 소로 변경하도록 한 후 취소판결을 해야 한다.

> **판례**
>
> 일반적으로 행정처분의 무효확인을 구하는 소에는 원고가 그 처분의 취소를 구하지 아니한다고 밝히지 아니한 이상 그 처분이 만약 당연무효가 아니라면 그 취소를 구하는 취지도 포함되어 있는 것으로 보아야 한다(대법원 1994. 12. 23. 94누477).

3) 취소소송과 무효등확인소송의 병합

> **판례**
>
> 행정처분의 무효확인청구와 취소청구는 그 소송의 요건을 달리하므로 예비적으로만 병합할 수 있다(대법원 2005. 12. 23. 2005두3554).

부작위위법확인소송

행정소송법

제2조【정의】① 이 법에서 사용하는 용어의 정의는 다음과 같다.

　2. "부작위"라 함은 행정청이 당사자의 신청에 대하여 상당한 기간내에 일정한 처분을 하여야 할 법률상 의무가 있음에도 불구하고 이를 하지 아니하는 것을 말한다.

제36조【부작위위법확인소송의 원고적격】부작위위법확인소송은 처분의 신청을 한 자로서 부작위의 위법의 확인을 구할 법률상 이익이 있는 자만이 제기할 수 있다.

판례

▶ 국민이 행정청에 대하여 그 신청에 따른 행정행위를 해줄 것을 요구할 수 있는 법규상 또는 조리상의 권리가 있어야 한다(대법원 1995. 9. 15. 95누7345).

▶ 법률상의 의무는 명문으로 인정되는 것뿐만 아니라 법령의 해석상 인정되는 경우도 포함된다(대법원 1991. 2. 12. 90누5825).

▶ 소제기의 전후를 통하여 판결시까지 행정청이 그 신청에 대하여 거부처분을 한다면 부작위위법확인의 소는 그 소의 이익을 상실한다(대법원 1990. 9. 25. 89누4758).

취소소송 준용 여부

구분	당사자소송	무효등확인소송	부작위위법확인소송
재판관할	○	○	○
관련청구소송의 이송·병합	○	○	○
피고적격	×	○	○
피고의 경정	○	○	○
공동소송	○	○	○
제3자의 소송참가	○	○	○
행정청의 소송참가	○	○	○
행정심판전치주의	×	×	○
취소소송의 대상	×	○	○
제소기간	×	×	○ (행정심판 거친 경우)
소의 변경	○	○	○
처분변경으로 인한 소의 변경	○	○	×
집행정지	×	○	×
행정심판기록 제출명령	○	○	○
직권심리	○	○	○
사정판결	×	×	×
대세효(제3자효)	×	○	○
기속력	○	○	○
재심청구	×	○	○
간접강제	×	×	○

행정사
이준희 행정법

07

행정법각론

행정조직법

1. 행정조직법정주의

헌법상 행정기관의 설치·조직과 직무범위는 법률로 정하여야 한다. 다만, 법률에서 구체적인 범위를 정하여 위임한 경우에는 행정입법으로 세부적인 사항을 규율할 수 있다.

정부조직법
제2조【중앙행정기관의 설치와 조직 등】 ① 중앙행정기관의 설치와 직무범위는 법률로 정한다.
② 중앙행정기관은 이 법에 따라 설치된 부·처·청과 다음 각 호의 행정기관으로 하되, 중앙행정기관은 이 법 및 다음 각 호의 법률에 따르지 아니하고는 설치할 수 없다.
1. 「방송통신위원회의 설치 및 운영에 관한 법률」 제3조에 따른 방송통신위원회
2. 「독점규제 및 공정거래에 관한 법률」 제54조에 따른 공정거래위원회
3. 「부패방지 및 국민권익위원회의 설치와 운영에 관한 법률」 제11조에 따른 국민권익위원회
4. 「금융위원회의 설치 등에 관한 법률」 제3조에 따른 금융위원회
5. 「개인정보 보호법」 제7조에 따른 개인정보 보호위원회
6. 「원자력안전위원회의 설치 및 운영에 관한 법률」 제3조에 따른 원자력안전위원회
7. 「우주항공청의 설치 및 운영에 관한 특별법」 제6조에 따른 우주항공청
8. 「신행정수도 후속대책을 위한 연기·공주지역 행정중심복합도시 건설을 위한 특별법」 제38조에 따른 행정중심복합도시건설청
9. 「새만금사업 추진 및 지원에 관한 특별법」 제34조에 따른 새만금개발청

제3조【특별지방행정기관의 설치】 ① 중앙행정기관에는 소관사무를 수행하기 위하여 필요한 때에는 특히 법률로 정한 경우를 제외하고는 대통령령으로 정하는 바에 따라 지방행정기관을 둘 수 있다.
제4조【부속기관의 설치】 행정기관에는 그 소관사무의 범위에서 필요한 때에는 대통령령으로 정하는 바에 따라 시험연구기관·교육훈련기관·문화기관·의료기관·제조기관 및 자문기관 등을 둘 수 있다.
제5조【합의제행정기관의 설치】 행정기관에는 그 소관사무의 일부를 독립하여 수행할 필요가 있는 때에는 법률로 정하는 바에 따라 행정위원회 등 합의제행정기관을 둘 수 있다.
제7조【행정기관의 장의 직무권한】 ⑤ 부·처의 장은 그 소관사무의 효율적 추진을 위하여 필요한 경우에는 국무총리에게 소관사무와 관련되는 다른 행정기관의 사무에 대한 조정을 요청할 수 있다.
제9조【예산조치와의 병행】 행정기관 또는 소속기관을 설치하거나 공무원의 정원을 증원할 때에는 반드시 예산상의 조치가 병행되어야 한다.

지방자치법
제129조【합의제행정기관】 ① 지방자치단체는 소관 사무의 일부를 독립하여 수행할 필요가 있으면 법령이나 그 지방자치단체의 조례로 정하는 바에 따라 합의제행정기관을 설치할 수 있다.
제130조【자문기관의 설치 등】 ① 지방자치단체는 소관 사무의 범위에서 법령이나 그 지방자치단체의 조례로 정하는 바에 따라 자문기관(소관 사무에 대한 자문에 응하거나 협의, 심의 등을 목적으로 하는 심의회, 위원회 등을 말한다. 이하 같다)을 설치·운영할 수 있다.
② 자문기관은 법령이나 조례에 규정된 기능과 권한을 넘어서 주민의 권리를 제한하거나 의무를 부과하는 내용으로 자문 또는 심의 등을 하여서는 아니 된다.

2. 권한의 대리

1) 개념

행정청이 자신의 권한의 전부 또는 일부를 다른 기관으로 하여금 행사하게 하는 것이다. 이때 그 다른 기관은 피대리청을 위한 것임을 표시하여 자기의 이름으로 행위하고(현명주의), 그 행위의 효과는 직접 피대리청에 발생한다.

2) 임의대리

(1) 개념

피대리관청의 대리권 부여라는 수권행위에 의해 발생하는 대리행위이다.

(2) 근거

대리는 권한의 이전을 가져오는 것은 아니므로 권한의 위임과는 달리 반드시 법적 근거를 요하는 것은 아니다.

(3) 대리관청과 피대리관청의 관계

대리관청은 피대리관청의 권한을 자기의 책임하에 자기의 이름으로 행사하게 된다. 피대리관청은 대리관청의 선임·지휘 및 감독에 대한 권한을 행사할 수 있으며, 또한 그에 대한 책임도 부담한다.

(4) 복대리

복대리는 원칙적으로 허용되지 않는다.

3) 법정대리

(1) 협의의 법정대리

법령의 규정에 의하여 일정한 사실이 발생하면 당연히 성립하는 대리이다.

(2) 지정대리

법정사실의 발생시에 일정한 자가 대리자를 지정함으로써 대리관계가 발생하는 경우이다.

(3) 대리권의 범위

협의의 법정대리와 지정대리 모두 피대리관청의 권한의 전부에 미친다.

3. 권한의 위임

1) 법적 근거

권한의 위임은 반드시 법적 근거를 요한다. 행정권한의 위임에 관한 개별규정이 없는 경우 정부조직법 또는 지방자치법 등의 일반적 규정이 권한의 위임 및 재위임의 법적 근거가 될 수 있다.

2) 위임의 사항

(1) 권한의 일부위임

행정관청의 권한의 위임은 위임청의 권한의 일부에 대해서만 인정된다. 권한의 전부를 위임하거나 본질적인 부분을 위임하는 것은 허용되지 않는다.

(2) 재위임

법령에 정한 바에 따라 수임사무의 일부를 재위임할 수 있다. 또한 기관위임사무의 경우에도 위임기관 장의 승인을 얻어 지방자치단체장이 제정한 규칙으로 재위임할 수 있다.

3) 위임의 효과

권한이 위임된 경우에는 위임기관 및 위탁기관은 당해 위임사항을 처리할 수 있는 권한을 잃게 되고, 그 사항은 수임기관의 권한으로 된다. 따라서 위임기관 및 위탁기관은 수임 및 수탁사무 처리에 있어서 수임기관 및 수탁기관에 대하여 사전승인을 받거나 협의할 것을 요구할 수 없다.

위임기관 및 위탁기관은 수임기관 및 수탁기관의 수임 및 수탁처리사무에 대하여 지휘·감독하고, 그 처리가 위법 또는 부당하다고 인정되는 때에는 이를 취소하거나 정지시킬 수 있다.

4) 피고적격

권한의 위임의 경우 수임청이 피고가 된다. 내부위임의 경우 위임청의 이름으로 처분한 경우에는 위임청이 피고가 되나, 수임기관이 자신의 이름으로 처분한 경우에는 수임기관이 피고가 된다.

4. 내부위임

권한의 위임은 수임기관이 자신의 명의와 책임으로 위임기관의 권한을 행사한 것이나, 내부위임은 내부적인 사무처리의 편의를 위한 것으로 보조기관 또는 하급기관에 의하여 위임자의 명의로 수임자가 위임자의 권한을 행사하는 것을 말한다. 내부위임은 권한의 위임과 달리 법적 근거를 요하지 않는다. 내부위임의 경우에는 수임관청이 자기의 이름으로 그 권한을 행사하였다면 그 하자는 원칙적으로 무효사유에 해당한다.

내부위임은 법률이 위임을 허용하고 있지 아니한 경우에도 가능하다(대법원 1995. 11. 28. 94누6475).

5. 행정청 상호 간의 관계

1) 상·하행정청 간의 관계 - 권한감독

(1) 감시

상급행정청이 하급행정청의 사무처리상황을 파악하기 위하여 보고를 받고 서류장부를 검사하는 등 실제로 사무감사를 하는 것을 의미한다. 개별적인 법적 근거는 필요 없다.

(2) 훈령

① **의의**: 상급행정청이 하급행정청의 권한행사를 일반적으로 지휘하기 위하여 내리는 명령이다.

② **성질**: 훈령은 행정규칙에 해당하며 법규로서의 성질을 가지지 않는다. 따라서 하급행정청이 이를 위반하더라도 내부적 징계사유는 될 수 있으나 위법한 것은 아니다.

③ **종류**

협의의 훈령	하급관청에 대하여 장기간에 걸쳐 일반적으로 지시하는 명령
지시	하급관청에 대하여 개별적·구체적으로 발하는 명령
예규	하급관청에 대하여 반복적인 행정업무의 처리기준을 제시하는 명령
일일명령	당직·출장·휴가 등의 일일업무에 관한 명령

(3) 주관쟁의 결정

상급관청이 그 소속 하급관청 간에 권한에 대한 다툼이 있는 경우 이를 결정할 수 있는 권한이다. 행정관청 간의 권한에 대한 다툼이 있는 경우 공통의 상급관청이 없는 때에는 각각의 상급관청이 협의하여 결정하고, 협의가 이루어지지 않을 때에는 행정각부 간의 권한은 국무회의의 심의를 거쳐 대통령이 결정한다.

2) 대등관청 상호 간의 관계 - 협의·동의

주행정청은 관계행정청과 협의하여 의사를 결정한다. 관계행정청의 협의 의견은 주행정청의 의사결정을 구속하지 않는다.

모든 행정청이 주된 지위에 있는 경우에는 의사결정을 하기 위해서는 동의를 받아야 한다. 이때, 동의의견은 행정청의 의사결정을 구속한다.

지방자치법

1. 지방자치단체의 법적 지위

지방자치단체는 공법상의 법인으로서 권리·의무의 주체가 될 수 있는 권리능력을 가질 뿐만 아니라 행위능력도 갖는다. 그러나 지방자치단체는 기본권의 주체는 아니므로 헌법소원의 청구적격이 없다.

2. 지방자치단체의 종류와 관할

1) 종류

> **지방자치법 제2조 【지방자치단체의 종류】** ① 지방자치단체는 다음의 두 가지 종류로 구분한다.
> 1. 특별시, 광역시, 특별자치시, 도, 특별자치도
> 2. 시, 군, 구
> ② 지방자치단체인 구(이하 "자치구"라 한다)는 특별시와 광역시의 관할 구역의 구만을 말하며, 자치구의 자치권의 범위는 법령으로 정하는 바에 따라 시·군과 다르게 할 수 있다.
> ③ 제1항의 지방자치단체 외에 특정한 목적을 수행하기 위하여 필요하면 따로 특별지방자치단체를 설치할 수 있다. 이 경우 특별지방자치단체의 설치 등에 관하여는 제12장에서 정하는 바에 따른다.

2) 관할구역

> **지방자치법**
> **제5조 【지방자치단체의 명칭과 구역】** ① 지방자치단체의 명칭과 구역은 종전과 같이 하고, 명칭과 구역을 바꾸거나 지방자치단체를 폐지하거나 설치하거나 나누거나 합칠 때에는 법률로 정한다.
> ② 제1항에도 불구하고 지방자치단체의 구역변경 중 관할 구역 경계변경(이하 "경계변경"이라 한다)과 지방자치단체의 한자 명칭의 변경은 대통령령으로 정한다. 이 경우 경계변경의 절차는 제6조에서 정한 절차에 따른다.
> ③ 다음 각 호의 어느 하나에 해당할 때에는 관계 지방의회의 의견을 들어야 한다. 다만, 「주민투표법」 제8조에 따라 주민투표를 한 경우에는 그러하지 아니하다.
> 1. 지방자치단체를 폐지하거나 설치하거나 나누거나 합칠 때
> 2. 지방자치단체의 구역을 변경할 때(경계변경을 할 때는 제외한다)
> 3. 지방자치단체의 명칭을 변경할 때(한자 명칭을 변경할 때를 포함한다)

> **제6조 【지방자치단체의 관할 구역 경계변경 등】** ① 지방자치단체의 장은 관할 구역과 생활권과의 불일치 등으로 인하여 주민생활에 불편이 큰 경우 등 대통령령으로 정하는 사유가 있는 경우에는 행정안전부장관에게 경계변경이 필요한 지역 등을 명시하여 경계변경에 대한 조정을 신청할 수 있다. 이 경우 지방자치단체의 장은 지방의회 재적의원 과반수의 출석과 출석의원 3분의 2 이상의 동의를 받아야 한다.

3. 주민

1) 개념

지방자치단체의 구역에 주소를 가진 자는 그 지방자치단체의 주민이 된다. 주소는 주민등록법에 의한 공법관계의 주소인 주민등록지를 의미한다.

2) 주민의 권리

(1) 공공시설이용권

주민은 법령으로 정하는 바에 따라 소속 지방자치단체의 재산과 공공시설을 이용할 권리와 그 지방자치단체로부터 균등하게 행정의 혜택을 받을 권리를 가진다.

판례

▶ **공공시설이용권의 의미**

주민이 지방자치단체로부터 행정적 혜택을 균등하게 받을 수 있다는 권리를 추상적이고 선언적으로 규정한 것으로서, 위 규정에 의하여 주민이 지방자치단체에 대하여 구체적이고 특정한 권리가 발생하는 것이 아닐 뿐만 아니라, 지방자치단체가 주민에 대하여 균등한 행정적 혜택을 부여할 구체적인 법적 의무가 발생하는 것도 아니다(대법원 2008. 6. 12. 2007추42).

(2) 선거권과 피선거권

> **공직선거법**
> **제15조 【선거권】** ② 18세 이상으로서 제37조 제1항에 따른 선거인명부작성기준일 현재 다음 각 호의 어느 하나에 해당하는 사람은 그 구역에서 선거하는 지방자치단체의 의회의원 및 장의 선거권이 있다.
>   1. 「주민등록법」 제6조 제1항 제1호 또는 제2호에 해당하는 사람으로서 해당 지방자치단체의 관할 구역에 주민등록이 되어 있는 사람
>   2. 「주민등록법」 제6조 제1항 제3호에 해당하는 사람으로서 주민등록표에 3개월 이상 계속하여 올라 있고 해당 지방자치단체의 관할구역에 주민등록이 되어 있는 사람
>   3. 「출입국관리법」 제10조에 따른 영주의 체류자격 취득일 후 3년이 경과한 외국인으로서 같은 법 제34조에 따라 해당 지방자치단체의 외국인등록대장에 올라 있는 사람
> **제16조 【피선거권】** ③ 선거일 현재 계속하여 60일 이상 해당 지방자치단체의 관할구역에 주민등록이 되어 있는 주민으로서 18세 이상의 국민은 그 지방의회의원 및 지방자치단체의 장의 피선거권이 있다.

(3) 주민투표권

지방자치단체의 장은 주민에게 과도한 부담을 주거나 중대한 영향을 미치는 지방자치단체의 주요 결정사항 등에 대하여 주민투표에 부칠 수 있다. 주민은 지방자치단체의 장이 실시하는 주민투표에 참여할 권리를 가진다.

> **판례**
>
> 주민투표권은 헌법상 보장되는 기본권은 아니다(헌재 2005. 12. 22. 2004헌마530).

(4) 조례의 제정과 개정·폐지 청구와 주민감사청구권

구분	조례제정·개폐청구권	감사청구권
청구권자	18세 이상의 주민 [관할 구역에 주민등록이 되어 있는 사람과 영주(永住)할 수 있는 체류자격 취득일 후 3년이 경과한 외국인]	18세 이상의 주민 [관할 구역에 주민등록이 되어 있는 사람과 영주(永住)할 수 있는 체류자격 취득일 후 3년이 경과한 외국인]
대상 사무	자치사무 + 단체위임사무 (기관위임사무는 제외)	모든 사무 (자치사무 + 단체위임사무 + 기관위임사무)
제외대상	① 법령을 위반하는 사항 ② 지방세·사용료·수수료·부담금의 부과·징수 또는 감면에 관한 사항 ③ 행정기구를 설치하거나 변경하는 것에 관한 사항 ④ 공시설의 설치를 반대하는 사항	① 수사나 재판에 관여하게 되는 사항 ② 사생활을 침해할 우려가 있는 사항 ③ 다른 기관에서 감사하였거나 감사 중인 사항. 다만, 다른 기관에서 감사한 사항이라도 새로운 사항이 발견되거나 중요 사항이 감사에서 누락된 경우와 제17조 제1항에 따라 주민소송의 대상이 되는 경우에는 그러하지 아니하다. ④ 동일한 사항에 대하여 주민소송이 진행 중이거나 그 판결이 확정된 사항 ⑤ 사무처리가 있었던 날이나 끝난 날부터 3년이 지난 업무
상대방	지방의회(지방자치단체장)	① 시·도의 사무는 주무부장관 ② 시·군 및 자치구 사무는 시·도지사

PART 07

(5) 주민소송권 - 민중소송

대상 (제소사유)	① 주무부장관이나 시·도지사가 감사청구를 수리한 날부터 60일이 지나도 감사를 끝내지 아니한 경우 ② 감독청의 감사결과 또는 조치 요구에 불복하는 경우 ③ 주무부장관이나 시·도지사의 조치 요구를 지방자치단체의 장이 이행하지 아니한 경우 ④ 지방자치단체의 장의 이행조치에 불복하는 경우
원고적격	감사청구를 한 주민(1명의 청구도 가능, 감사청구 필요적 전치주의) → 소송이 진행 중이면 다른 주민은 같은 사항에 대하여 별도의 소송을 제기할 수 없다.
피고적격	해당 지방자치단체의 장(비위를 저지른 공무원 ×)
소송유형	① 회복하기 어려운 손해를 발생시킬 우려가 있는 행위의 전부나 일부를 중지할 것을 요구하는 소송 ② 행정처분인 해당 행위의 취소 또는 변경을 요구하거나 그 행위의 효력 유무 또는 존재 여부의 확인을 요구하는 소송 ③ 게을리한 사실의 위법확인을 요구하는 소송 ④ 손해배상청구 또는 부당이득반환청구를 할 것을 요구하는 소송
제소기간	제소사유가 발생한 날로부터 90일 이내
적용	이 법에 규정된 것 외에는 행정소송법에 따른다.

(6) 주민소환권

주민소환 투표권자	① 19세 이상의 주민으로서 당해 지방자치단체 관할구역에 주민등록이 되어 있는 자 ② 19세 이상의 외국인으로서 출입국관리법상 영주의 체류자격 취득일 후 3년이 경과한 자 중 당해 지방자치단체 관할구역의 외국인등록대장에 등재된 자
소환대상	지방자치단체의 장 및 지방의회의원(비례대표 지방의회의원은 제외)
청구사유	주민소환법은 주민소환의 청구사유에 제한을 두지 않는다.
권한행사 정지	주민소환투표대상자는 주민소환투표안을 공고한 때부터 주민소환투표결과를 공표할 때까지 그 권한행사가 정지된다.
투표결과 확정	주민소환투표권자 총수의 3분의 1 이상의 투표와 유효투표 총수 과반수의 찬성으로 확정된다. 다만 전체 주민소환투표자의 수가 주민소환투표권자 총수의 3분의 1에 미달하는 때에는 개표를 하지 아니한다.
투표효력	주민소환이 확정된 때에는 주민소환투표대상자는 그 결과가 공표된 시점부터 그 직을 상실한다. 한편 그 직을 상실한 자는 그로 인하여 실시하는 이 법 또는 공직선거법에 의한 해당 보궐선거에 후보자로 등록할 수 없다.

4. 자치입법권

1) 조례제정권

(1) 원칙

지방자치단체는 법령의 범위 내에서 지방의회의 의결을 거쳐 그 권한에 속하는 사무에 관하여 조례를 제정할 수 있다.

(2) 조례제정사무

조례제정사무는 자치사무와 단체위임사무이며, 기관위임사무는 원칙적으로 조례제정사무에서 제외된다. 다만 기관위임사무도 법령의 위임이 있는 경우에는 예외적으로 조례제정이 가능하다.

(3) 지방자치단체장의 고유 권한

지방자치단체장의 전속적 권한으로 정한 사항은 조례로써 제한할 수 없고, 그러한 내용의 조례는 무효이다.

(4) 조례제정권의 한계

① **법률유보의 원칙** : 조례는 법령의 범위 안에서 자치에 관한 규정을 정할 수 있다. 따라서 조례의 제정은 법령의 위임이 반드시 필요한 것은 아니다. 다만, 주민의 권리제한 또는 의무부과에 관한 사항이나 벌칙을 정할 때에는 법률의 위임이 있어야 한다. 질서위반행위에 대하여 조례로써 1천만 원 이하의 과태료를 정할 수 있다(지방자치법 제27조 제1항).

② **법률우위의 원칙** : 조례는 법령의 범위 안에서 제정할 수 있으므로, 법령에 위반되는 조례는 무효이다. 이때 법령이라 함은 조례의 상위법규에 해당하는 법률뿐만 아니라 헌법과 법규명령, 헌법상의 일반원칙까지도 포함하는 개념이다.

2) 규칙제정권

규칙은 지방자치단체의 장이 자치입법으로서 법령 또는 조례가 위임한 범위 안에서 자기권한에 속하는 사무에 관하여 제정하는 법이다. 따라서 규칙제정권은 법령이나 조례의 개별적·구체적 위임이 있는 경우에 한정된다.

법령상 규칙으로 행정권한을 위임해야 함에도 조례에 의한 위임에 따라 행해진 수임기관의 처분은 권한 없는 행위로 취소사유에 해당한다.

5. 지방자치단체의 사무

1) 자치사무

주민의 복리증진이나 존립목적에 해당하는 지방자치단체 고유한 업무로서 자기책임하에 처리하는 사무를 말한다.

자치사무를 처리함에 있어서 국가와 지방자치단체는 대등한 법적 지위를 갖는다. 따라서 국가의 위법한 침해에 대하여 지방자치단체는 행정소송을 통한 권리구제를 받을 수 있을 뿐만 아니라, 국가는 감독권 행사에 있어서도 합법성의 통제를 할 수 있음에 그치고 합목적성의 통제는 할 수 없다.

2) 위임사무

(1) 단체위임사무

국가나 다른 자치단체가 법령에 의하여 그의 사무를 지방자치단체에 위임한 사무를 말한다.

(2) 기관위임사무

국가나 다른 자치단체로부터 지방자치단체의 집행기관의 장에게 위임된 사무를 말한다. 따라서 기관위임사무는 지방자치단체장의 사무에 해당하며 지방자치단체의 사무는 아니다. 기관위임사무는 위임기관장의 승인을 얻어 지방자치단체의 장이 제정하는 규칙(조례 ×)으로 재위임이 가능하다.

✦ 지방자치단체의 각 사무의 구별

구분	자치사무	단체위임사무	기관위임사무
자율성	○	△	×
감독범위	합법성 (위법만 심사)	합법성 + 합목적성 (부당까지 심사)	합법성 + 합목적성 (부당까지 심사)
조례제정	가능	가능	불가 (위임조례, 규칙은 가능)
지방의회 관여	가능	가능	불가
국가배상 책임주체	지방자치단체	지방자치단체 + 위임자 (병존책임)	지방자치단체 + 위임자 (병존책임)
비용부담	지방자치단체	위임자	위임자

03 공무원법

1. 공무원의 종류

경력직 공무원	일반직	기술·연구·행정 등의 일반 업무를 담당하는 공무원
	특정직	법관, 검사, 외무공무원, 경찰공무원, 소방공무원, 교육공무원, 군인, 군무원, 헌법재판소 헌법연구관, 국가정보원의 직원, 경호공무원과 특수 분야의 업무를 담당하는 공무원으로서 다른 법률에서 특정직공무원으로 지정하는 공무원
특수경력직 공무원	정무직	• 선거로 취임하거나 임명할 때 국회의 동의가 필요한 공무원 • 고도의 정책결정 업무를 담당하거나 이러한 업무를 보조하는 공무원으로서 법률이나 대통령령(대통령비서실 및 국가안보실의 조직에 관한 대통령령만 해당)에서 정무직으로 지정하는 공무원
	별정직	비서관·비서 등 보좌업무 등을 수행하거나 특정한 업무 수행을 위하여 법령에서 별정직으로 지정하는 공무원

2. 공무원관계의 발생·변경·소멸

1) 임명

(1) 임명의 요건

적법한 임명권자에 의하여 결격사유에 해당하지 않고 성적요건을 충족하는 자가 임명된다. 외국인도 국가안보 및 보안·기밀에 관계되는 분야를 제외하고 공무원으로 임용될 수 있다. 결격사유자에 대한 공무원의 임용행위는 당연무효이며, 임용결격자가 공무원으로 임용되어 사실상 근무하였다 하더라도 공무원연금법이나 근로기준법 소정의 퇴직금청구를 할 수 없다. 임용결격사유 여부는 임용 당시에 시행되는 법률을 기준으로 판단한다.

성적요건이 결여된 자에 대한 임용은 취소할 수 있는 행위로 된다.

(2) 임명의 효력발생시기

공무원은 임용장 또는 임용통지서에 기재된 날짜에 임용된 것으로 본다.

2) 직위해제

직위해제사유는 ① 직무수행능력이 부족하거나 근무성적이 극히 불량한 자, ② 징계의결을 요구 중인 자, ③ 형사사건으로 기소된 자 등이다. 직위해제가 된 때에는 직무에 종사하지 못하며 출근할 수도 없다. 직위해제는 잠정적인 조치로서 징벌적 제재로서의 징계와는 성질이 다르다.

직위해제 중인 공무원은 ① 일정 기간 직무에 종사하지 못하며, ② 임용권자는 직무능력이 부족하거나 근무성적이 극히 불량한 자에 대하여 3월 이내에 능력회복 근무성적향상을 위한 교육훈련 또는 특별연구과제의 부여 등 필요한 조치를 하여야 한다. 그러나 ③ 직위해제의 사유가 소멸한 때에는 임용권자는 지체 없이 그 직위를 부여해야 한다.

직위해제로 대기명령을 받은 자가 그 기간 중에 능력 또는 근무성적의 향상을 기대하기 어렵다고 인정된 때에는 징계위원회의 동의를 얻어 임용권자는 직권면직할 수 있다. 직위해제처분과 직권면직 사이의 하자의 승계는 부정된다.

직위해제 중인 자에 대해 동일한 사유로 직권면직이나 징계처분을 하여도 이중처벌에 해당하는 것이 아니다. 또한 직위해제 중인 자에 대해 파면처분이 있으면 직위해제처분은 효력을 상실한다.

3) 공무원관계의 소멸

(1) 당연퇴직

① 공무원임용에 있어서 결격사유, ② 정년·사망·임기만료 등의 발생으로 별도의 처분 없이 공무원의 지위가 당연히 소멸되는 것을 말한다.

당연퇴직의 사유가 발생하면 퇴직발령의 통지를 하나, 이는 퇴직된 사실을 알리는 관념의 통지에 불과하다. 따라서 퇴직발령통보는 항고소송의 대상인 행정처분에 해당하지 아니한다. 만약 당연퇴직의 사유가 없음에도 불구하고 퇴직발령통보를 한 경우에는 공무원지위의 확인을 구하는 공법상 당사자소송을 제기하여야 한다.

(2) 면직

① **의원면직**: 공무원 자신의 자유로운 사직의 의사표시로 공무원 관계가 소멸되는 행위를 말한다.
② **징계면직**: 징계차원에서 임용권자가 당해 공무원의 신분을 박탈하는 행위(파면·해임)를 말한다.
③ **직권면직**: 직권면직은 직제와 정원의 개폐·예산의 감소, 직무를 감당할 수 없거나 직무 수행 능력이 부족하다고 인정된 때 등의 사유에 해당하는 경우에 임용권자가 직권으로 하는 면직처분을 말한다.

3. 공무원의 징계

1) 징계의 사유

공무원의 고의 또는 과실의 유무와 관계없이 징계할 수 있으며, 또한 감독자도 감독의무의 책임을 진다. 이때 형벌과 징계벌이 병과되어도 이중처벌에 해당하지 않는다.

공무원에게 징계사유가 있어 징계처분을 하는 경우, 어떠한 처분을 할 것인지는 징계권자의 재량사항에 속한다.

2) 징계의 종류

⑴ 파면

공무원의 신분을 박탈하는 것으로 공직에의 취임 제한(5년), 공무원연금법상 연금의 제한이 있다.

⑵ 해임

공무원의 신분을 박탈하는 것으로 공직에의 취임 제한(3년)이 있다(연금제한은 없다).

⑶ 강등

직급을 1계급 아래로 내리는 것으로, 공무원신분은 보유하나 3개월간 직무에 종사하지 못하며 그 기간 중 보수는 전액을 감한다.

⑷ 정직

1개월 이상 3개월 이하의 기간으로 하고, 정직 처분을 받은 자는 그 기간 중 공무원의 신분은 보유하나 직무에 종사하지 못하며 보수는 전액을 감한다.

⑸ 감봉

1개월 이상 3개월 이하의 기간 동안 보수의 3분의 1을 감한다.

⑹ 견책

전과에 대하여 훈계하고 회개한다.

3) 징계의결의 요구

징계사유가 있는 때에는 징계권자는 반드시 징계위원회에 징계의결의 요구를 하여야 한다. 징계의결의 요구는 징계사유가 발생한 날로부터 3년(금품·향응의 수수 또는 공금의 횡령·유용의 경우는 5년)이 경과되면 하지 못한다.

4. 불이익처분에 대한 구제

1) 소청심사청구

공무원은 처분사유설명서를 받은 날부터 30일 이내에, 그 밖의 본인의 의사에 반하는 불이익처분을 받았을 때에는 그 처분이 있은 것을 안 날부터 30일 이내에 인사혁신처 산하 소청심사위원회에 심사를 청구할 수 있다.

2) 소청심사

소청심사위원회는 소청을 접수하면 지체 없이 심사하여야 하며, 소청인에게 의견진술 기회를 부여한다. 이때 진술의 기회를 부여하지 아니한 결정은 무효가 된다.

3) 결정

불이익변경금지원칙이 적용되므로 원징계처분 등에 비해서 무거운 소청심사 결정을 내릴 수는 없다. 이때 소청심사위원회의 결정은 그 이유를 구체적으로 밝힌 결정서로 하여야 한다.

5. 불복(행정소송)

1) 소청전치주의

공무원이 그에 대한 불리한 처분을 다투는 경우에는 소청전치주의가 적용된다. 즉, 소청심사위원회의 심사·결정을 거치지 아니하면 행정소송을 제기할 수 없다.

2) 항고소송의 대상

소청심사위원회의 결정에 불복하여 행정소송을 제기하는 경우 원래의 징계처분(소청결정 ×)을 대상으로 한다.

3) 교육공무원의 경우

(1) 교육공무원의 경우 교원소청심사위원회의 소청결정을 거쳐 행정소송(항고소송)을 제기한다. 행정소송의 대상은 원래의 징계처분(소청결정 ×)을 대상으로 한다.

(2) 사립학교 교육공무원의 경우 교원소청심사위원회의 소청결정을 거쳐 행정소송(항고소송)을 제기할 수 있으며 이 외에도 학교법인을 피고로 징계를 다투는 민사소송을 제기할 수 있다. 행정소송을 제기하는 경우 소청결정이 소송의 대상이다.

경찰행정

경찰관 직무집행법
제2조【직무의 범위】 경찰관은 다음 각 호의 직무를 수행한다.
1. 국민의 생명·신체 및 재산의 보호
2. 범죄의 예방·진압 및 수사
2의2. 범죄피해자 보호
3. 경비, 주요 인사(人士) 경호 및 대간첩·대테러 작전 수행
4. 공공안녕에 대한 위험의 예방과 대응을 위한 정보의 수집·작성 및 배포
5. 교통 단속과 교통 위해(危害)의 방지
6. 외국 정부기관 및 국제기구와의 국제협력
7. 그 밖에 공공의 안녕과 질서 유지

제3조【불심검문】 ① 경찰관은 다음 각 호의 어느 하나에 해당하는 사람을 정지시켜 질문할 수 있다.
1. 수상한 행동이나 그 밖의 주위 사정을 합리적으로 판단하여 볼 때 어떠한 죄를 범하였거나 범하려 하고 있다고 의심할 만한 상당한 이유가 있는 사람
2. 이미 행하여진 범죄나 행하여지려고 하는 범죄행위에 관한 사실을 안다고 인정되는 사람
② 경찰관은 제1항에 따라 같은 항 각 호의 사람을 정지시킨 장소에서 질문을 하는 것이 그 사람에게 불리하거나 교통에 방해가 된다고 인정될 때에는 질문을 하기 위하여 가까운 경찰서·지구대·파출소 또는 출장소(지방해양경찰관서를 포함하며, 이하 "경찰관서"라 한다)로 동행할 것을 요구할 수 있다. 이 경우 동행을 요구받은 사람은 그 요구를 거절할 수 있다.
⑥ 경찰관은 제2항에 따라 동행한 사람을 6시간을 초과하여 경찰관서에 머물게 할 수 없다.
⑦ 제1항부터 제3항까지의 규정에 따라 질문을 받거나 동행을 요구받은 사람은 형사소송에 관한 법률에 따르지 아니하고는 신체를 구속당하지 아니하며, 그 의사에 반하여 답변을 강요당하지 아니한다.

제4조【보호조치 등】 ① 경찰관은 수상한 행동이나 그 밖의 주위 사정을 합리적으로 판단해 볼 때 다음 각 호의 어느 하나에 해당하는 것이 명백하고 응급구호가 필요하다고 믿을 만한 상당한 이유가 있는 사람(이하 "구호대상자"라 한다)을 발견하였을 때에는 보건의료기관이나 공공구호기관에 긴급구호를 요청하거나 경찰관서에 보호하는 등 적절한 조치를 할 수 있다.
1. 정신착란을 일으키거나 술에 취하여 자신 또는 다른 사람의 생명·신체·재산에 위해를 끼칠 우려가 있는 사람
2. 자살을 시도하는 사람
3. 미아, 병자, 부상자 등으로서 적당한 보호자가 없으며 응급구호가 필요하다고 인정되는 사람. 다만, 본인이 구호를 거절하는 경우는 제외한다.
③ 경찰관은 제1항의 조치를 하는 경우에 구호대상자가 휴대하고 있는 무기·흉기 등 위험을 일으킬 수 있는 것으로 인정되는 물건을 경찰관서에 임시로 영치(領置)하여 놓을 수 있다.
④ 경찰관은 제1항의 조치를 하였을 때에는 지체 없이 구호대상자의 가족, 친지 또는 그 밖의 연고자에게 그 사실을 알려야 하며, 연고자가 발견되지 아니할 때에는 구호대상자를 적당한 공공보건의료기관이나 공공구호기관에 즉시 인계하여야 한다.
⑤ 경찰관은 제4항에 따라 구호대상자를 공공보건의료기관이나 공공구호기관에 인계하였을 때에는 즉시 그 사실을 소속 경찰서장이나 해양경찰서장에게 보고하여야 한다.

⑥ 제5항에 따라 보고를 받은 소속 경찰서장이나 해양경찰서장은 대통령령으로 정하는 바에 따라 구호대상자를 인계한 사실을 지체 없이 해당 공공보건의료기관 또는 공공구호기관의 장 및 그 감독행정청에 통보하여야 한다.

⑦ 제1항에 따라 구호대상자를 경찰관서에서 보호하는 기간은 24시간을 초과할 수 없고, 제3항에 따라 물건을 경찰관서에 임시로 영치하는 기간은 10일을 초과할 수 없다.

제10조【경찰장비의 사용 등】 ① 경찰관은 직무수행 중 경찰장비를 사용할 수 있다. 다만, 사람의 생명이나 신체에 위해를 끼칠 수 있는 경찰장비(이하 이 조에서 "위해성 경찰장비"라 한다)를 사용할 때에는 필요한 안전교육과 안전검사를 받은 후 사용하여야 한다.

② 제1항 본문에서 "경찰장비"란 무기, 경찰장구(警察裝具), 경찰착용기록장치, 최루제(催淚劑)와 그 발사장치, 살수차, 감식기구(鑑識機具), 해안 감시기구, 통신기기, 차량·선박·항공기 등 경찰이 직무를 수행할 때 필요한 장치와 기구를 말한다.

③ 경찰관은 경찰장비를 함부로 개조하거나 경찰장비에 임의의 장비를 부착하여 일반적인 사용법과 달리 사용함으로써 다른 사람의 생명·신체에 위해를 끼쳐서는 아니 된다.

④ 위해성 경찰장비는 필요한 최소한도에서 사용하여야 한다.

제10조의2【경찰장구의 사용】 ① 경찰관은 다음 각 호의 직무를 수행하기 위하여 필요하다고 인정되는 상당한 이유가 있을 때에는 그 사태를 합리적으로 판단하여 필요한 한도에서 경찰장구를 사용할 수 있다.

1. 현행범이나 사형·무기 또는 장기 3년 이상의 징역이나 금고에 해당하는 죄를 범한 범인의 체포 또는 도주 방지
2. 자신이나 다른 사람의 생명·신체의 방어 및 보호
3. 공무집행에 대한 항거(抗拒) 제지

② 제1항에서 "경찰장구"란 경찰관이 휴대하여 범인 검거와 범죄 진압 등의 직무 수행에 사용하는 수갑, 포승(捕繩), 경찰봉, 방패 등을 말한다.

제10조의4【무기의 사용】 ① 경찰관은 범인의 체포, 범인의 도주 방지, 자신이나 다른 사람의 생명·신체의 방어 및 보호, 공무집행에 대한 항거의 제지를 위하여 필요하다고 인정되는 상당한 이유가 있을 때에는 그 사태를 합리적으로 판단하여 필요한 한도에서 무기를 사용할 수 있다. 다만, 다음 각 호의 어느 하나에 해당할 때를 제외하고는 사람에게 위해를 끼쳐서는 아니 된다.

1. 「형법」에 규정된 정당방위와 긴급피난에 해당할 때
2. 다음 각 목의 어느 하나에 해당하는 때에 그 행위를 방지하거나 그 행위자를 체포하기 위하여 무기를 사용하지 아니하고는 다른 수단이 없다고 인정되는 상당한 이유가 있을 때
   가. 사형·무기 또는 장기 3년 이상의 징역이나 금고에 해당하는 죄를 범하거나 범하였다고 의심할 만한 충분한 이유가 있는 사람이 경찰관의 직무집행에 항거하거나 도주하려고 할 때
   나. 체포·구속영장과 압수·수색영장을 집행하는 과정에서 경찰관의 직무집행에 항거하거나 도주하려고 할 때
   다. 제3자가 가목 또는 나목에 해당하는 사람을 도주시키려고 경찰관에게 항거할 때
   라. 범인이나 소요를 일으킨 사람이 무기·흉기 등 위험한 물건을 지니고 경찰관으로부터 3회 이상 물건을 버리라는 명령이나 항복하라는 명령을 받고도 따르지 아니하면서 계속 항거할 때
3. 대간첩 작전 수행 과정에서 무장간첩이 항복하라는 경찰관의 명령을 받고도 따르지 아니할 때

② 제1항에서 "무기"란 사람의 생명이나 신체에 위해를 끼칠 수 있도록 제작된 권총·소총·도검 등을 말한다.

③ 대간첩·대테러 작전 등 국가안전에 관련되는 작전을 수행할 때에는 개인화기(個人火器) 외에 공용화기(共用火器)를 사용할 수 있다.

제11조의2【손실보상】 ① 국가는 경찰관의 적법한 직무집행으로 인하여 다음 각 호의 어느 하나에 해당하는 손실을 입은 자에 대하여 정당한 보상을 하여야 한다.

1. 경찰소극목적의 원칙

경찰권의 행사는 사회공공의 안녕·질서에 대한 위해의 방지·제거라는 소극적 목적을 위해서만 가능하다.

2. 경찰공공의 원칙

경찰권의 행사는 사회공공의 안녕·질서의 유지에만 발동하며, 사회공공의 안녕·질서의 유지와 관계없이 ① 사생활 침해, ② 사주소 침해, ③ 민사관계 침해의 경찰권의 행사는 금지된다.

3. 경찰책임의 원칙

1) 의의

경찰권은 사회공공의 안녕·질서에 대한 위해가 발생하거나 발생할 우려가 있는 경우에 그에 대한 책임이 있는 자에 대해서만 발동되어야 한다.

2) 행위책임(자기책임)

자신의 행위 또는 자신의 보호·감독하에 있는 자의 행위로 인하여 공공의 안녕과 질서에 대한 위해가 발생한 경우에 있어서의 책임이다. 행위책임은 고의·과실 여부를 묻지 않으며, 행위능력 여부를 불문하고, 성년·미성년자 및 내국인·외국인 여부를 불문한다. 또한 행위에는 작위뿐만 아니라 부작위도 포함된다.

3) 상태책임

사회공공의 안녕·질서에 대한 위해가 물건·동물로부터 발생된 경우 그 물건·동물의 소유자 또는 현실적인 지배권을 가지고 있는 자(권원의 유무와 관계없이 부담)에게 그 부담이 귀속되는 책임을 의미한다.

4) 행위책임과 상태책임이 경합하는 경우

일반적으로 행위책임이 상태책임에 우선한다. 그러나 경찰위반상태를 가장 신속하고 효과적으로 제거할 수 있는 사람에 대하여 경찰권을 발동하여야 한다.

5) 제3자에 대한 경찰권 발동의 요건

긴급한 필요가 인정되고 특별한 법규상의 근거가 있는 경우에 한해서는 경찰책임자 이외의 자에 대해서도 경찰권을 발동할 수 있다.

① 이미 경찰상 장해가 발생하였거나 급박한 위험이 존재하여 경찰권 발동이 불가피하고, ② 경찰책임자에 대한 경찰권의 발동이나 경찰 스스로는 위해의 제거가 불가능해야 하며, ③ 제3자의 조력이 불가피한 경우에는 ④ 비례의 원칙에 따라 제3자에 대한 경찰권의 발동이 가능하다. 이러한 경우 제3자의 손실에 대해서는 보상이 이루어져야 한다.

4. 경찰비례의 원칙

경찰권의 발동에는 과잉금지의 원칙이 적용된다.

5. 경찰평등의 원칙

경찰권의 발동은 불합리한 차별이 있어서는 아니 된다.

공물

1. 공물의 종류

행정목적	공공용물	일반공중의 공동사용을 위해 제공된 물건(도로, 공원, 하천 등)
	공용물	행정주체가 직접 사용하기 위해 제공된 물건(행정기관의 청사, 관공서의 각종 비품)
	보존공물	공적 목적을 위해 보존을 목적으로 하는 물건(문화재)
성립과정	인공공물	도로 · 공원
	자연공물	하천 · 해변 · 갯벌
소유권귀속	국유공물	국가가 소유권자
	공유공물	지방자치단체가 소유권자
	사유공물	사인이 소유권자
소유주체와 관리주체	자유공물	관리주체와 소유주체가 일치
	타유공물	관리주체와 소유주체가 불일치
물건의 성질	부동산공물	행정기관의 청사
	동산공물	관공서의 각종 비품, 경찰견

2. 국유재산법

제2조 【정의】 이 법에서 사용하는 용어의 뜻은 다음과 같다.
1. "국유재산"이란 국가의 부담, 기부채납이나 법령 또는 조약에 따라 국가 소유로 된 제5조 제1항 각 호의 재산을 말한다.
2. "기부채납"이란 국가 외의 자가 제5조 제1항 각 호에 해당하는 재산의 소유권을 무상으로 국가에 이전하여 국가가 이를 취득하는 것을 말한다.
3. "관리"란 국유재산의 취득 · 운용과 유지 · 보존을 위한 모든 행위를 말한다.
4. "처분"이란 매각, 교환, 양여, 신탁, 현물출자 등의 방법으로 국유재산의 소유권이 국가 외의 자에게 이전되는 것을 말한다.
5. "관리전환"이란 일반회계와 특별회계 · 기금 간 또는 서로 다른 특별회계 · 기금 간에 국유재산의 관리권을 넘기는 것을 말한다.
6. "정부출자기업체"란 정부가 출자하였거나 출자할 기업체로서 대통령령으로 정하는 기업체를 말한다.

7. "사용허가"란 행정재산을 국가 외의 자가 일정 기간 유상이나 무상으로 사용·수익할 수 있도록 허용하는 것을 말한다.
8. "대부계약"이란 일반재산을 국가 외의 자가 일정 기간 유상이나 무상으로 사용·수익할 수 있도록 체결하는 계약을 말한다.
9. "변상금"이란 사용허가나 대부계약 없이 국유재산을 사용·수익하거나 점유한 자(사용허가나 대부계약 기간이 끝난 후 다시 사용허가나 대부계약 없이 국유재산을 계속 사용·수익하거나 점유한 자를 포함한다. 이하 "무단점유자"라 한다)에게 부과하는 금액을 말한다.
10. "총괄청"이란 기획재정부장관을 말한다.

제6조【국유재산의 구분과 종류】 ① 국유재산은 그 용도에 따라 행정재산과 일반재산으로 구분한다.
② 행정재산의 종류는 다음 각 호와 같다.
1. 공용재산 : 국가가 직접 사무용·사업용 또는 공무원의 주거용(직무 수행을 위하여 필요한 경우로서 대통령령으로 정하는 경우로 한정한다)으로 사용하거나 대통령령으로 정하는 기한까지 사용하기로 결정한 재산
2. 공공용재산 : 국가가 직접 공공용으로 사용하거나 대통령령으로 정하는 기한까지 사용하기로 결정한 재산
3. 기업용재산 : 정부기업이 직접 사무용·사업용 또는 그 기업에 종사하는 직원의 주거용(직무 수행을 위하여 필요한 경우로서 대통령령으로 정하는 경우로 한정한다)으로 사용하거나 대통령령으로 정하는 기한까지 사용하기로 결정한 재산
4. 보존용재산 : 법령이나 그 밖의 필요에 따라 국가가 보존하는 재산
③ "일반재산"이란 행정재산 외의 모든 국유재산을 말한다.

3. 공물의 성립과 소멸

1) 공물의 성립

(1) 공공용물

① **인공공물의 경우** : 권한 있는 행정기관의 공용지정이 있은 후 사용가능한 형태를 갖춤으로써 성립한다.
② **자연공물의 경우** : 자연적 상태 그대로 공물로서의 성질을 가지므로 공용지정이라는 의사적 요소는 필요가 없다.

(2) 공용물

공용물은 일반 공중의 사용에 제공되는 것은 아니므로 행정주체가 사실상 사용할 수 있는 형태를 갖추면 공물로서 성립한다.

(3) 보존공물

보존공물도 공물로서의 형태와 공용지정을 통하여 성립하게 된다.

2) 공물의 소멸

공물의 형태적 요소가 소멸되었거나 공물로서의 지위를 상실하였다는 권한 있는 행정기관의 의사표시인 공용폐지에 의해 이루어진다. 공용폐지행위는 반드시 명시적인 의사표시에 의해 이루어지는 것은 아니고, 묵시적으로도 가능하다.

4. 공물의 특징

1) 사권행사의 제한(불융통성)

행정재산은 법률에 의해 사법상의 거래대상에서 제외된다. 행정재산의 사법상 거래는 무효이다. 국유재산은 사권을 설정할 수 없으므로 강제집행의 대상이 될 수 없다 할 것이다.

> **국유재산법 제11조【사권 설정의 제한】** ② 국유재산에는 사권을 설정하지 못한다. 다만, 일반재산에 대하여 대통령령으로 정하는 경우에는 그러하지 아니하다.
>
> **도로법 제4조【사권의 제한】** 도로를 구성하는 부지, 옹벽, 그 밖의 시설물에 대해서는 사권(私權)을 행사할 수 없다. 다만, 소유권을 이전하거나 저당권을 설정하는 경우에는 사권을 행사할 수 있다.

2) 취득시효의 제한

> **국유재산법 제7조【국유재산의 보호】** ① 누구든지 이 법 또는 다른 법률에서 정하는 절차와 방법에 따르지 아니하고는 국유재산을 사용하거나 수익하지 못한다.
>
> ② 행정재산은 「민법」 제245조에도 불구하고 시효취득(時效取得)의 대상이 되지 아니한다.

5. 공물의 사용관계

1) 공물의 일반사용

공공용물은 일반인이 행정청의 특별한 허락을 받지 않고도 본래의 목적에 따라 자유로이 사용한다. 또 공용물은 예외적으로 공용물 본래의 목적에 방해받지 않는 한도 내에서는 일반사용이 허용된다. 이때, 일반사용의 제한이 손실보상의 대상이 되는 것은 아니다.

2) 공물의 특허사용

일반인에게는 허용되지 않는 특별한 사용권을 설정해 특정인이 공물을 사용하도록 하는 것을 의미한다. 일반적으로 사용허가기간은 5년 이내로 하며, 5년을 초과하지 않는 범위에서 허가기간을 갱신할 수 있다.

중앙관서의 장은 공용 또는 공공용으로 사용할 필요가 있는 경우 사용허가의 철회가 가능하다.

6. 변상금 부과처분

중앙관서의 장은 무단점유자에게 사용료나 대부료의 100분의 120에 상당하는 변상금을 부과한다.

국유재산법에 의하여 국유재산의 무단점유자에게 변상금을 부과하는 것은 행정주체의 재량이 허용되지 않는 기속행위로서, 행정주체의 선택에 의하여 부과 여부가 결정될 수 있는 성질의 것도 아니다.

2025 박문각 행정사 1차

이준희 **행정법** 핵심요약집

초판인쇄 | 2024. 10. 25.　**초판발행** | 2024. 10. 30.　**편저자** | 이준희
발행인 | 박 용　**발행처** | (주)박문각출판　**등록** | 2015년 4월 29일 제2019-000137호
주소 | 06654 서울시 서초구 효령로 283 서경 B/D 4층　**팩스** | (02)584-2927
전화 | 교재 문의 (02)6466-7202

저자와의
협의하에
인지생략

정가 18,000원

ISBN 979-11-7262-251-0